Uwe Schieferdecker

Unsere Kindheit, unsere Jugend ... wo sind sie geblieben?

Geboren in den 30ern

Alltagsgeschichten aus Ostdeutschland

Archiv Uwe Schieferdecker
Zur Nutzung überlassene Dokumente der interviewten Zeitzeugen
Archiv Herkules Verlag
Archiv der Stadt Eisenhüttenstadt

Folgenden Zeitzeugen gilt mein besonderer Dank für die Unterstützung dieses Buches durch Informationen sowie die Bereitstellung von Dokumenten:

Gerhard Ahrendholz, Dresden; Hans-Joachim Dietze, Dresden; Madlena und Hans Eißmann, Radebeul; Dieter Flohr, Rostock; Lieselotte Gehmlich, Dresden; Helga Höppner, Dresden; Erhard Lesczinski, Velten; Hans-Jürgen Schräpler, Stolberg; Kristina Schulz, Petershagen b. Berlin; Maria und Reinhard Uhlig, Dresden; Rolf Willenberg, Dresden; Gottfried Zimmer, Dresden sowie meinen Eltern Anneliese und Klaus Schieferdecker

1. Auflage 2008

Druck und buchbinderische Verarbeitung:
Druckerei Steinmeier GmbH, Nördlingen

34128 Kassel, Richard-Strauß-Straße 33, Tel. (0561) 9 37 17 38
www.Herkules-Verlag.de
ISBN 978-3-937924-59-5

Inhalt

Vorwort

Sie erblickten das Licht der Welt in den dreißiger Jahren des vergangenen Jahrhunderts und wurden in eine Zeit tief greifender politischer Umwälzungen geboren. Wortgewaltig sprach der Führer vom Frieden und meinte doch Krieg. Als der schließlich vom Zaune gebrochen war, lagen die Kleinen teilweise noch in ihren **hochbordigen Kinderwagen** oder nahmen ihre Umwelt mit staunenden Augen vom **Schaukelpferd** aus wahr. Den Älteren erzählten die Lehrer bereits etwas vom „Volk ohne Raum", während daheim der Großvater mit sorgenvollem Blick über den „Gröfaz" flüsterte.

Und sie waren noch Kinder und mussten doch bitter für ihr Land büßen, ohne an dessen Versagen auch nur die mindeste Schuld zu tragen. Flucht, Kälte, Hunger und gar der Tod wurden ihre traurigen Begleiter. Als alles zu Ende schien, sahen sie sich – wieder ohne eigenes Zutun – auf der einen Seite der politischen Weltkarte. Deutschland war geteilt und beide Systeme beanspruchten für sich, für das Bessere zu stehen.

Die Entwicklung im Osten und im Westen verlief unterschiedlich. Und doch versuchten die Menschen, in den jeweiligen Gesellschaftsordnungen ihren Platz zu finden. Dieser Band will vom Leben der Menschen im Ostteil von Deutschland sprechen. Er begleitet sie durch *ihre* Kindheit und Jugend. Die Wahrnehmung kann dabei durchaus grundverschieden sein: Da wartete eine Krankenschwester am Ende ihrer Nachtschicht auf die ersehnte Ablösung. Doch die saß bereits im Zug in den „Westen". Die eine spricht danach beseelt von ihrer geglückten Flucht, die andere meint, die Kollegin sei schlicht **„abgehauen"**.

Das Leben begann sich nach dem Kriegsende schrittweise zu normalisieren. Es war die Zeit ihrer Jugend. Sie lebten ihre Träume. Langsam wurde auch ihr Dasein besser. Nicht immer so schnell vielleicht, wie sie es dachten und wünschten. Dafür standen sie füreinander ein, wenn es nottat. Und bekennen im Nachhinein: Es war *ihre* Zeit und sie waren glücklich.

Ob Sophie, ausgebombt in Dresden, Erwin auf der Flucht aus Ostpreußen, Katharina in Stalinstadt, der ersten sozialistischen deutschen Stadt, oder Dietrich beim Hafenbau in Rostock: Ihre Erlebnisse unterschieden sich voneinander, je nachdem, ob sie in einer Stadt ausgebombt wurden oder vielleicht unbehelligt auf dem Lande wohnten, flüchten mussten oder vertrieben wurden, ob sie zu **Kriegsende** fünf oder 15 Lenze zählten. So möchte dieser Band mit der Schilderung unterschiedlicher Schicksale als Anregung dienen, in den eigenen Erinnerungen zu stöbern …

Sonntagsausflug: Hinaus ins Grüne!

Meist ging man zu Fuß

Es war ein freundlicher Sonntag im Mai – wie damals üblich, der einzige arbeitsfreie Tag in der Woche! Großvater hatte einen Ausflug an die Elbe vorgeschlagen. Bereits am Vorabend merkte die fünfjährige Sophie emsige Vorbereitungen: Mutter und das Dienstmädchen Minna packten den großen Korb, in dem die Verpflegung für den Familienausflug mitgeführt wurde. In aller Frühe verließ die Familie das Haus. Vornweg gingen der Großvater, ein angesehener Schuldirektor a. D., und der Vater, Inhaber einer stadtbekannten Drogerie. Dahinter folgten Minna und die Mutter sowie Sophie mit den kleinen Geschwistern.

Die Baumblüte zog gleich ihnen Tausende Großstädter aus dem stickigen Häusermeer heraus. Viele gingen einfach zu Fuß. Nicht jede Familie konnte sich Bahntickets leisten. **„Zu Fuß"** war durchaus wörtlich zu nehmen, denn rund ein Drittel der Kinder trugen in der Zeit des Sommers überhaupt keine Schuhe oder aber **Holzsandalen**. Aus der Not wurde schnell eine Tugend: Selbst Sophies Tante Müller bezeichnete **Barfußgehen** als notwendige Stählung für den kindlichen Körper und gut für die Gesundheit. Das würde die Kopfnerven ableiten und auch die Magennerven beruhigen. Die alte Dame selbst klagte oft über Bauchweh und Migräne. Warum, fragte sich Sophie insgeheim, behält Tante Müller eigentlich die Schuhe an? Jawohl, manchmal, beim wilden Spielen im Park, war Sophie wie die anderen Kinder barfuß losgetollt. Doch am Ende hatte sie blutige Füßchen. Ihre Freundinnen hatten wohl etwas mehr Hornhaut ausgebildet und hinterher kaum Grund zum Klagen.

Sonntagsausflug in den Kaffeegarten

Sophies Familie stand pünktlich sechs Uhr an der Straßenbahnhaltestelle und bestieg die Elektrische mit der Nummer 21. Wie die anderen Männer postierten sich der Großvater und der Vater neben dem Fahrer auf dem offenen Perron. Die Sitze im Inneren waren Frauen und Kindern vorbehalten. Unterwegs wies Mutter die Sophie auf das Schusterhaus an der Weißeritzmündung hin. In dem Ballhaus hatte sie den Vater kennen gelernt. Hinter einem alten Dorfkern öffnete sich der Blick auf die weiten Gärtnereien und Obstplantagen im Elbtal, während vom Hang her Villen und das Bismarckdenkmal grüßten.

Ziel ihres Ausflugs war wieder einmal der Vorort Gohlis mit seinen ausgedehnten Gärtnereien, wo sich an der Elbe die Windmühle mit einer beliebten Restauration befand. Selten leistete sich Sophies Mutter in dem Gästegarten ein Stück Pflaumenkuchen. Meist blieb es bei dem Bier für den Vater. Die Kinder erhielten sonntags eine **Zitronen- oder Himbeerlimonade**. Für Großvater war kaltes Bier ein Gräuel. Ein ordentlicher Gastwirt kannte diese Befindlichkeiten. Für ältere Gäste stand auf der Theke ein Bierwärmer. Hingegen war es durchaus üblich, dass sich die Familien ihren selbstgebackenen Blechkuchen oder die **geschmierten Bemmen im Korb** mitbrachten und im Garten vor dem Lokal verzehrten.
Am Elbufer neben der Windmühle fing Vater kleine Fische für das heimische Aquarium. „Sahnepiepen“ nannte sie der Volksmund. Das immer beflissene Dienstmädchen Minna trug das Fischglas später nach Hause. Nebenan versuchten sich die Jungen und Männer beim **„Butterbemmenschmeißen“** gegenseitig zu überbieten: Flachgeschliffene Steine wurden dicht über die Elbe geworfen, so dass sie möglichst oft auf dem Wasser aufschlugen. Schaffte einer der Männer zehn Hüpfer, gab es allseits großes Hallo.
Am späten Nachmittag wanderte die Familie auf dem Leinpfad zurück in die Stadt. Großvater erzählte den Kindern von alten Zeiten, als die „Bomätscher“ hier mit Schulterriemen die Elbkähne stromauf zogen. Heute bahnten sich die Schaufelraddampfer schier mühelos ihren Weg stromauf, von Sophies Rufen und Winken begleitet. Als die Sonne hinter den linken Elbhängen unterging, war die ganze Familie längst wieder daheim in der Stadt eingetroffen.

Badetag und „große Wäsche“

Die Familie stand kopf

Lass uns beim Müller für die letzte Juliwoche eintragen!“ Auf Mutters Geheiß stieg Lisa mit leichtem Grausen die Stufen zum Hauswart hinauf. Dabei ängstigte sich das Kind weniger vor dem dicken Mann mit der leichten Alkoholfahne. Vielmehr wusste Lisa ja genau, was „große Wäsche“ bedeutete. Für drei Tage stand die ganze Familie Kopf! Früher kam Fräulein Fischer aus der Mansarde im Nachbarhaus zur Aufwartung und unterstützte sie bei der Wäsche. Doch dann verlor Mutter ihre Arbeit bei der Post. Hatte die kleine Lisa seinerzeit im Hof für ihre Puppen eine eigene „Große Wäsche“ durchgeführt, musste sie nun selber mithelfen. Da kam ihr schnell jegliches Interesse an dem Spiel abhanden …

Kinder spielen „große Wäsche“

Wenn die Sonne schien, begann die „große Wäsche“ bereits tags zuvor mit der Bleiche. Morgens zogen Mutter und Lisa mit dem Leiterwagen, beladen mit schmutzigem Weißzeug, einer Gießkanne und einem kleinen Schirm, auf die Luchwiesen. Zwischen anderen Hausfrauen breiteten sie hier die Wäsche auf einem Rasenfeld aus. Dann ging Mutter nach Hause, wo sie als Nebenverdienst für andere Haushalte schneiderte. Zum Aufpassen saß das Kind unter dem mitgebrachten Schirm, hätte es doch sonst einen Sonnenstich bekommen. Zwischendurch holte Lisa mit der Gießkanne frisches Wasser aus dem Fließ. Die Wäsche musste zum Bleichen feucht gehalten werden.
Am Morgen der „großen Wäsche“ ging Vater in den Keller, um den riesigen Kessel anzuheizen. Das war im Winter schön, denn dann wurde es in dem dunklen Verlies warm. Obendrauf befand sich ein mächtiger Deckel, damit die Energie nicht so einfach entweichen würde, hatte ihr der Papa erklärt. Elektrisches Licht gab es im Waschhaus natürlich nicht, zur Beleuchtung stellte Mutter zwei Kerzen auf. Nach dem Einweichen wurde die Wäsche gekocht. Der Waschkessel lag in ihrem alten Haus unter dem Niveau der Kanalisation. Nach dem Ziehen des Stopfens lief das Wasser in eine Mulde im Kellerboden. Vater und der große Bruder schöpften die Vertiefung mit Eimern aus und leerten sie in der nächstliegenden **Gosse**. Und dennoch war Mutter ganz zufrieden, in dem alten Wohnhaus der Großeltern in der Vorstadt fehlte das **Waschhaus** ganz und gar.

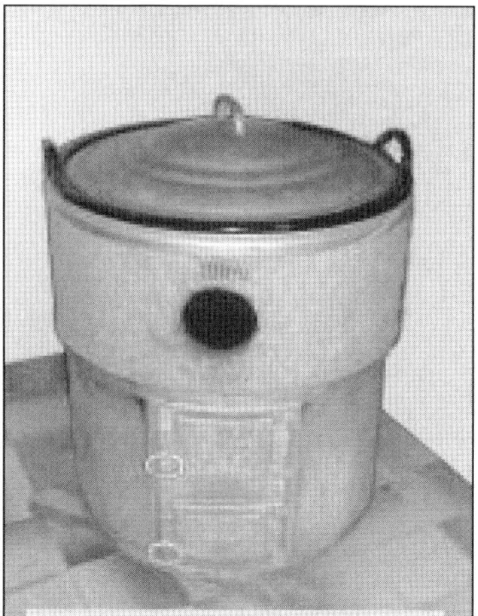

Der Waschkessel im Keller

Mit dem Waschbrett waschen, bis die Finger wund waren

Die eigentliche Handreinigung erfolgte anschließend mit dem **Waschbrett** in einer Wanne. Zur Säuberung dienten Kernseife oder das teure Persil. Als Erleichterung nutzte man heimlich einen so genannten „Waschbär". Der Vorläufer der Waschmaschine rüttelte die Wäsche im Wasser herum. Der Blockwart durfte von der Benutzung nichts erfahren, denn die Nutzung des Gerätes war verboten. Angeblich würden schwangere Frauen damit abtreiben.
Im nächsten Schritt wurde die gekochte und gereinigte Wäsche in der Badewanne mehrfach gespült. Schließlich mussten die Stücke einzeln durch eine Wringmaschine, die aus zwei Rollen und einer mächtigen Kurbel bestand, gezogen werden. Nun konnten die Hemden, Bettlaken und -bezüge sowie die Leibwäsche auf dem Hof aufgehängt werden. Und wehe, eines der Nachbarskinder spielte zwischen dem hell leuchtenden Weißzeug! Dann würde es aber die Mutter kennen lernen …
War die Wäsche trocken, wurde sie in Körben auf dem Leiterwagen zum **Mangeln** gebracht. An der Ecke gab es in ihrer Straße eine elektrische Anlage, doch die war sehr teuer. Eine Straße weiter wurde die Wäsche in alter Manier gemangelt: In harter Arbeit musste der Mangelkasten mit einer Handkurbel angetrieben werden. Völlig überflüssig war Mutters Hinweis, die Finger von den Rollen – Docke genannt – fernzuhalten. Lisa gruselte es ohnehin vor dem Ungetüm, das zudem noch laut knarrte und krächzte.
Nach dem abschließenden **Legen der Wäsche** verschwand sie im Schlafzimmer im großen elterlichen Kleiderschrank. Für die nächsten eineinhalb Monate hatte die Familie wieder genügend Hemden und Leibwäsche, die jeweils am Sonntag gewechselt wurde. Nur das kleinste Brüderchen machte eine Aus-

nahme. Seine **Windeln** wurden täglich in einem **Windeltopf** auf dem Gasherd ausgekocht.

Plätten in der Schlafstube

Mit solch einer Mangel wurde die frische Wäsche geplättet

Kinder verschwanden, wenn die Eltern badeten

Ach, zur „großen Wäsche" gehörte noch als Ritual das abschließende Bad: Vater und der große Bruder trugen in Eimern warmes Wasser aus dem Kessel hinauf in die Küche. Dort befand sich als Stolz der Familie die „**Eschebach-Volksbadewanne**" aus **Zinkblech**. Um den nötigen Platz zu schaffen, wurde der Küchentisch hochgeklappt. Nacheinander verschwanden die Kinder im warmen Nass. Die beiden kleinsten Geschwisterchen kamen als Erstes gemeinsam in die Wanne. Mit einem großen Schwamm verteilte die Mutter den Schaum der Kernseife über die kleinen Körper und die Haarschöpfe. Zwischendurch schöpfte der Vater den Seifenschaum an der Oberfläche ab und goss neues Wasser nach. Damit meinte er, den Dreck der vorhergehenden Badegänge abzuschöpfen.

Zuerst waren die Kleinen dran

Wenn Vater zum Schluss badete, wurde die Wanne mit einem Brett halb abgedeckt. Trotzdem hatten alle Kinder aus der Küche zu verschwinden. Schließlich nutzte Mutter das Nass, um damit Küche und Hausflur einer gründlichen Reinigung zu unterziehen. Letzteres natürlich nur, wenn die böse Nachbarin, die olle Schulzen, nicht mit der Hausordnung dran war.

Zuckertüte, Griffel und Katheder

Mit Ranzen und Schuluniform

Kindergarten, Scheuerlappen!" hatten ihn Nachbarskinder noch vor Tagen gefoppt. Nun aber war es so weit: Die Schultüte oder besser „**Zuckertüte**" stand für den kleinen Gerhard gleichbedeutend mit dem Eintritt in einen neuen Lebensabschnitt: Er war nun groß und kam in die Schule.

An Mutters Hand betrat der Junge sein neues Reich. Es war an einem Tag in der Osterzeit, als die acht Jahre währende Schulpflicht für ihn begann. Auf den Dörfern herrschte noch die Ein- oder Zweiklassenschule vor: Kinder verschiedener Altersstufen saßen dort unter den Augen eines gestrengen Lehrers in einem einzigen Raum. An Schulbusse war nicht zu denken, ein Schulweg

Schuleinführung mit Zuckertüte

von fünf oder zehn Kilometern war eben zu Fuß zu bewältigen. Bei Wind und Wetter! Anders in der Kleinstadt. Der schwere, alte Backsteinbau der Volksschule flößte hier schon äußerlich Respekt ein. Er gehörte neben der Kirche und dem Rathaus zu den größten Gebäuden der Stadt.
Halb ängstlich und halb neugierig betrachtete Gerhard seine zukünftigen Freunde. Konrad, der Sohn eines stadtbekannten Textilfabrikanten, konnte seine schwere Zuckertüte kaum selber tragen. Stolz präsentierte er den Mitschülern einen nagelneuen **Ranzen** aus Leder. Vor Gerhard in der Reihe saß der bleiche Albrecht aus dem Weberviertel. Ängstlich hielt dieser seine kleine, wohl von der Mutter selbstgebastelte und bemalte Tüte in den Händen. Die Nationalsozialisten hatten die Schuluniform abgeschafft, doch schon an Albrechts Ranzen konnte ein jeder seine ärmliche Herkunft erkennen. Der Flickschuster hatte ihn aus kleinen Lederflecken zusammengesetzt. Die Schulbücher wurden dem Weberkind von der Schule kostenlos zur Verfügung gestellt. Gerhard hatte bereits neugierig in seine Schultüte gelunzt. Das kleine Füllhorn war mit bunten Abziehbildern beklebt. Gar zu viel Süßes steckte nicht darin, ein paar Kekse, Äpfel und Stifte für den Unterricht. Gerhards Schul-

Frontalunterricht vom Katheder

ranzen hatte bereits den großen Bruder während der Volksschule begleitet. Wie bei den übrigen Kindern baumelten daran eine kleine **Schiefertafel**, ein **Schwamm** und ein **Lappen**.

Zuckertüte hin, der Stolz, nun endlich zu den „Großen" zu gehören, her: Nur zu schnell musste Gerhard bemerken, dass Schule kein Zuckerschlecken war. Der **Rohrstock** in der Hand gehörte ebenso wie der **Spucknapf** vor dem erhöhten **Katheder** zum Alltag im Klassenzimmer. Die Schulordnung legte den Rahmen fest:

- Betritt der Lehrer das Zimmer, haben die Kinder aufzustehen und im Chor zu grüßen.
- Jeder Schüler legt seine Hände geschlossen auf den Tisch und die Füße stehen ruhig und nebeneinander auf dem Boden.
- Beim Aufsagen und Lesen muss der Schüler aufstehen und in gerader Haltung des Kopfes laut und wohlbetont sprechen.
- Das Melden geschieht bescheiden. Man hebe den Finger der rechten Hand. Der Ellenbogen wird mit der linken Hand gestützt.
- Nach dem Schlusse der Schule verlassen die Kinder bankweise, ohne Lärm und geordnet den Klassenraum.

Reformpädagogik: Klassenzimmer mit Sandkasten

Backpfeife und Tracht Prügel

Pädagogik bedeutete Autorität, Pflicht und Strafe. Die Liberalisierungsversuche des Schulwesens in der Weimarer Republik waren den Nationalsozialisten suspekt. Neben dem **Nachsitzen** gehörten **Ohrfeigen**, **Kopfnüsse**, **langgezogene Ohren**, **Stockhiebe** auf den blanken Hintern – wobei der bei den

Mädchen mindestens durch einen Schlüpfer bedeckt blieb – und **Kniffe in die Wangen** zum damaligen Repertoire. Dabei konnten sich die Lehrer der Duldung oder Zustimmung der Eltern nahezu sicher sein. Zumal es im Haushalt auch nicht viel anders ablief, da gab es schnell ein paar „**hinter die Löffel**" oder der sprichwörtliche **Ausklopfer** – eigentlich zur Teppichreinigung gedacht – kam zum Einsatz.
Doch zurück in die Schule. Sprach der Lehrer, saßen die Kinder in den harten, dunklen Schulbänken mit gefalteten Händen. Da reichte dem Lehrer Gerhards zerstreutes Spiel mit dem Griffel für einen Schlag mit dem Lineal auf seine Fingerchen aus. Oftmals noch demütigender als die körperliche Züchtigung war der „**Gang in die Ecke**". Gedankenverloren hatte ein Mitschüler eine an ihn gerichtete Frage des Lehrers überhört. Für den Rest der Stunde musste er nun schweigend in der Ecke stehen. Die mitfühlenden oder hämischen Augen der Klasse stachen ihm dabei wie heiße Nadeln in den Rücken.
Selbst nach einer schier unendlichen Stunde schellte irgendwann die ersehnte Glocke zur Pause. Auch jetzt waren Ruhe und Ordnung angesagt. Reihenweise verließen die Schüler das Klassenzimmer und erreichten über die breite Treppe das Freie. Der Schulhof der Volksschule war zwar nicht tatsächlich geteilt, doch in der Mitte gab es eine unsichtbare Grenze. In der Pause zogen die Mädchen auf dem Schulhof links ihre Kreise, auf der anderen Seite liefen die Jungen. Dazu fassten sich immer zwei Schüler an die Hand. Geredet wurde in der Pause kaum. In der freien Hand hielten sie die **Pausenstulle**, die während des Gehens gegessen wurde. Oder die Milchflasche, die die Frau des Hausmeisters im Keller mit einem Strohhalm ausgab.

Ringelreihen auf dem Schulhof

Schönschreiben und Ringelreihen

Auf dem Lehrerpult, auch **Katheder** genannt, stand der **Lesekasten**. Der Lehrer stellte Buchstaben in die Rillen, die die Schüler zu Worten formulieren mussten. Zum Üben hatten die Schüler vor sich einen eigenen kleinen Lesekasten. Schreiben lernten sie auf der **Schiefertafel**. Zu den weiteren Utensilien gehörten der **Tafelschwamm** und das **Holzkästchen** mit den mal kratzenden, mal **quietschenden Griffeln**. Wenn die Schüler ebenso unbeholfen wie eifrig auf der Schiefertafel übten, taten ihnen alsbald die Ohren weh. Die wohlgeformte **Sütterlin-Schrift** wollte mit dem Griffel so gar nicht gelingen.

Der Lesekasten in der ersten Klasse

Als er das erste Schuljahr erfolgreich absolviert hatte, durfte Gerhard erstmals eine **Feder** in die Hand nehmen. „**Schönschreiben**" war angesagt. Im **Federkästchen** befand sich ein kleiner Lappen, mit dem er das gute Stück reinigen konnte. Oben in der Schulbank war ein Loch für das **Tintenfass** eingelassen. Die Feder wurde auf einen **Federhalter** aufgesteckt, Konrad nannte sogar einen marmorierten sein eigen. Inzwischen hatten Schulhefte die Schiefertafel verdrängt. Doch Gerhards ungelenke Finger vermochten die Feder so gar nicht zwischen die Linien des Schreibpapiers zu zwingen. Sie spreizte sich wieder und wieder. Manchmal tauchte er die Feder auch sehr tief in das Tintenfass und machte schlimme Kleckse in das Heft. Ganz zu schweigen von seinen Fingern, die eigentlich ständig voller Tusche waren. Gerhard war innerlich froh, als der Normalschrifterlass des Führers im Jahr 1941 Sütterlin als „Judenlettern" brandmarkte und aus den Lehrplänen verbannte. Fortan galt nur mehr die lateinische Schrift.
Nach der fünften Klasse gab es eine Woche lang Prüfungen. Sie und der Geldbeutel der Eltern entschieden, ob ein Kind nach vier Jahren – die Zählung ging damals von oben nach unten – in eine **höhere Schule** wechseln konnte. Unterrichtet wurde auch hier streng getrennt nach Geschlechtern – jede Schule hatte einen Eingang für Mädchen und einen solchen für Knaben …

Schulbank: Das Tintenfass war im Tisch eingelassen

Winter-Hilfswerk

Das „Winter-Hilfswerk des deutschen Volkes“ wurde alljährlich im Oktober vom Führer mit einer markigen Rede eröffnet: „Und dann erst, wenn jeder einzelne Deutsche durch eigene und wenn nötig schwere Opfer zur Erhaltung dieser Volksgemeinschaft beigetragen hat, wird er wieder, ohne vor sich selbst erröten zu müssen, von einem ‚einigen Volk von Brüdern' reden dürfen“, erklärte der Führer Adolf Hitler im fernen Berlin.

Heftchen des WHW

Die Nationalsozialisten bedienten sich nicht vordergründig des Holzhammers, ihre Politik zu vermitteln. Trotzdem gelang es ihnen in den sechs Jahren bis zum Kriegsbeginn 1939, weite Teile der Bevölkerung – und hier gerade die Jugend – hinter sich zu vereinen. Dem kleinen Gerhard fiel die Beeinflussung als Schüler nicht auf. Was war dagegen zu sagen, wenn im Rahmen des WHW Bedürftigen geholfen werden sollte?

Gerhards Aufsatz Klasse Ia

Wie helfe ich dieses Jahr noch besser?

Eines kalten Wintertages, als ich meine Schularbeiten fertig hatte, ging ich auf die Straße Ball spielen. Da rief plötzlich ein altes Mütterchen: „Komm doch bitte einmal her und gehe für meinen kranken Mann in die Apotheke.“ „Ja“, war meine Antwort. Sie drückte mir einen Schein und Geld in die Hand, und dann rannte ich sehr schnell los. Als ich nun das Gewünschte ihr überreichte, drückte sie mir freudestrahlend einen Groschen in die Hand. Ich bedankte mich und steckte ihn ein. Als ich am anderen Morgen in die Schule kam, stand im Hausflur die Sammelbüchse des WHW. Sofort griff ich in die Tasche und opferte meinen kleinen Verdienst. Dieses war 1935. Doch dieses Jahr gedenke ich noch besser zu helfen. Viele Organisationen sammeln für das WHW. auf den Straßen, auch ich gebe meinen Anteil dazu. Kupfer, Zinn, Zigarettenpapier sammeln wir und bringen alles mit in die Schule. Und dieses kauft der Altwarenhändler uns ab. Dieses Geld geht den Armen zugute. Kastanien, die unnütz auf der Straße liegen, bringen das Pfund drei bis vier Pfennig ein.
Einmal verdiente ich mir beim Einholen ein paar Groschen. In der Schule fehlte mir eine Feder und ich wollte das Geld dafür benutzen. Doch ich überlegte, dass ich lieber auf die Feder verzichte. Ich verdiene mir schon mal wieder etwas, wofür ich sie einkaufen kann. Denn die Armen, die sich keine Kohlen kaufen können, brauchen jeden Pfennig sehr nötig. Und dafür sorgt die Winterhilfe, daß keiner friert. Doch tue ich noch besser, wenn ich mir meine Feder schone, da spare ich schon wieder Geld. Dann kann ich leicht mein Scherflein beisteuern. Ich glaube bestimmt, daß ich dieses Jahr noch besser helfen kann. Denn ich nehme mich in Acht, daß mir meine Schulsachen ganz bleiben. Ich muß dann mein gespartes Geld nicht dafür verwenden, kann es den Armen schenken. Auch mache ich mir die Mühe, recht viel Metallwert zu sammeln. Früher habe ich nur das gespendet, was ich gelegentlich verdiente. Ich hoffe, daß ich der Winterhilfe durch mein eifriges Sammeln sehr viel Glück bereite. „Es soll keiner hungern und frieren“ heißt die Parole, und diese wollen wir für immer und ewig in Ehren halten.

Ausdruck 2 Rechtschreibung 2 Schrift 2
(Lehrerunterschrift: „Gehört zu den besten Aufsätzen“)

Holzfigur aus dem Erzgebirge

Gerhard lief von Hauseingang zu Hauseingang und sammelte Geld. Dafür händigte er den Spendern Heftchen mit Bildern und Reden vom Führer oder kleine geschnitzte **weihnachtliche Holzfiguren aus dem Erzgebirge** aus. Sie wurden schnell zu beliebten Sammlerobjekten. Seine Gedankenwelt spiegelt der vom Klassenlehrer besonders gelobte Aufsatz: „Wie helfe ich dieses Jahr noch besser" wider:

Socken und Erwachsensein

Kratzende, lange Strümpfe aus Baumwolle

Als Kind vernahm es Gerhard nicht ungern, wenn der Lehrer den Nationalstolz predigte. Wer empörte sich schon darüber, dass die Deutschen die Größten und Besten auf allen Gebieten seien? Da waren die erfolgreichen Annektionen des Saarlandes, des Sudetenlandes oder Österreichs. Deutsche Erfindungen, die es ja tatsächlich in Hülle und Fülle gab, wurden gepriesen. Deutsche Musik und Kultur waren unvergleichbar. Oder etwa die deutschen Erfolge bei den Olympischen Spielen 1936, die auch in den Folgejahren als Film oder Buch die Menschen begeisterten. Die Verluste durch die Emigration von Kultur- und Geistesgrößen bemerkte er nicht, darüber wurde vor ihm nicht gesprochen.

Mit den ersten wärmeren Temperaturen wurden die langen Strümpfe heruntergestrüffelt

Ohnehin spielten sich Gerhards Gedankengänge oft eher im Alltagsleben ab. Wie es so schön heißt – das Hemd war ihm näher als die Hose. Apropos Hose: Großmutter war der Auffassung, dass ein Kind Strümpfe zu tragen habe. Das ganze Jahr, sommers wie winters. Das war immer so gewesen und Gerhards großer Bruder hatte seine erste lange Hose anlässlich der Konfirmation erhalten. Das zeigte optisch seine Aufnahme in das Erwachsenendasein an. Frauen trugen hingegen grundsätzlich keine langen Hosen. Das trauten sich bestenfalls frivole Künstlerinnen in der Großstadt. Dahinter vermutete Großmutter Sünde, und das war schlecht!

Auch Gerhard musste als Bub das gesamte Winterhalbjahr **lange Strümpfe** aus Wolle oder Baumwolle tragen. Die einen kratzten fürchterlich, die anderen hielten nicht recht warm. Zu den dunklen Strümpfen gehörte

Lange Strümpfe und kurze Hosen

über der Brust ein so genanntes **Leibchen**. Es war weiß und wie ein BH hinten zuzuknöpfen. Die Strümpfe waren an dem Leibchen mit **Strapsen** zu befestigen. Darüber zog ihm Mutter eine kurze Hose an, sei es im bayerischen Look eine lederne Seppelhose oder eben eine Stoffhose. Mit dieser Art Beinkleider ging Gerhard in die Schule, spielte er am Nachmittag oder unternahm am Sonntag mit der Familie Ausflüge in die Umgebung.
Erst ab 15 Grad hatte die Mutter dem kleinen Gerhard erlaubt, die verhassten langen Strümpfe gegen **Kniestrümpfe** zu tauschen. So wartete er damals sehnsüchtig auf den Beginn des Frühlings. Wenn tagsüber höhere Temperaturen eintraten, wurden die langen Strümpfe unter die Knie gestrüffelt.

In der Kluft der Hitlerjugend

Dann kam der Zeitpunkt, da war Gerhard alt genug, um der Hitlerjugend beizutreten. „Hart wie Kruppstahl, zäh wie Leder und flink wie die Windhunde!“ lautete das Motto. Die Mitglieder der nationalsozialistischen Organisation für Jungen bzw. männliche Jugendliche trugen stolz eine Uniform. Zu ihr gehörten die so genannten Überfallhosen, eine Art Trainingshose, die an den Knöcheln zugebunden wurde. Dass er auf diese Art die lästigen langen Strümpfe im Winterhalbjahr loswurde, war für Gerhard damals durchaus ein wichtiges Argument für den Beitritt zu dieser Organisation!

Die Olympischen Spiele 1936 in Berlin

Die Olympischen Spiele des Jahres 1936 in Berlin waren der Höhepunkt der ideologischen Demonstration nationalsozialistischer Macht gegenüber der eigenen Bevölkerung wie auch dem Ausland. Ganze drei Jahre waren seit dem Ende der verheerenden Weltwirtschaftskrise vergangen. Nach der Niederlage im Ersten Weltkrieg und dem demütigenden Versailler Vertrag waren die Deutschen, war das Deutsche Reich auf einmal wieder wer!

Schon in den Monaten vor der Olympiade wurde die Bevölkerung auf den Sport eingeschworen. Einen entsprechenden Anlass bot der Sieg der **Boxerlegende Max Schmeling** über den bis dahin ungeschlagenen Afroamerikaner Joe Louis. Der legendäre Boxkampf endete am 19. Juni 1936 in New York

Legendärer Boxkampf: Max Schmeling gegen Joe Louis

durch K.o. in der zwölften Runde. Die Nationalsozialisten bejubelten Schmelings Triumph als Beweis der arischen Überlegenheit.

Hitlers Autokorso auf dem Weg zum Olympiastadion

Bevor Adolf Hitler am 1. August 1936 in Berlin die Olympischen Sommerspiele eröffnete, ließ er sich auf der zehn Kilometer langen Fahrt von der Reichskanzlei zum Reichssportfeld von den angetretenen Massen in einem Mercedeskorso bejubeln. Geschickt drängten die Nationalsozialisten die internationalen Vorbehalte wegen der Bücherverbrennungen, Konzentrationslager sowie politischer und rassistischer Verfolgung in den Hintergrund. Von Goebbels in Perfektion inszeniert, verschwanden für die Dauer der Spiele antisemitische Parolen von den Hausfassaden und aus den Zeitungen. Immer aufs Neue wurde die Friedensliebe des Regimes betont. Die internationale Presse reagierte begeistert.
120 000 Menschen verfolgten im Olympiastadion die Abschlussfeier, bei der Scheinwerfer über dem weiten Rund einen „Lichtdom" formten. Hehre Worte bilden den Abschluss des Bildbandes „Olympische Spiele Berlin 1936". Doch die angekündigten Sommerspiele 1940 in Tokio sollten dem nazideutschen Kugelhagel des Zweiten Weltkriegs zum Opfer fallen:

Hütet das Feuer!

Die Spiele der XI. Olympiade gehören der Geschichte an. Einmütig und ohne Rückhalt ist die Anerkennung, die die Welt den Deutschen für die Ausrichtung des Festes gezollt hat. Das stellen wir mit stolzer Freude fest. Doch gibt es kein Ausruhen. Denn nur dann behalten die Olympischen Spiele der Neuzeit ihre Berechtigung, wenn jeder, der an ihnen teilnimmt, sich über das Fest hinaus im Alltag dem olympischen Geist verpflichtet fühlt, verpflichtet also diesen Idealen: Leibeszucht und Ritterlichkeit, Freude an Kampf und Spiel, Liebe zum Vaterland und Achtung vor der Welt. Wir trugen die Fackel für Olympia zu unserer Kampfstätte. Wir haben den Völkern der Erde den friedlichen Wettstreit bereitet. Die olympischen Waffen müssen nun vier Jahre lang ruhen. Die Fackel aber muss in allen Herzen weiterbrennen, wenn anders Arbeit und Freude nicht umsonst gewesen sein sollen. Darum gelten die Worte, die Baron de Coubertin im Gedenken an die Spiele der XII. Olympiade Berlin niederschrieb, als Mahnung für alle:
„Und ihr, Athleten, erinnert euch immer des Feuers, das, von der Sonne Glut entzündet, aus Olympia zu euch kam, um unser so gefährdetes Zeitalter zu erhellen und zu erwärmen! Laßt es unablässig in eurem Innern brennen, damit es sich lebendig wieder finde am anderen Ende unserer Erde, wenn ihr nach vier Jahren die XII. Olympiade an den fernen Gestaden des Stillen Ozeans feiert."

Als Informationsträger nutzten die Nationalsozialisten die Bücher: Von Groß und Klein wurden aufwändig gestaltete Bildbände förmlich verschlungen. Obwohl er noch kaum zu lesen vermochte, konnte der kleine Gerhard seinen Blick nicht von den fesselnden Fotografien lösen. Dann waren da noch die

Siegerehrung deutscher Turner mit Hitlergruß

Wochenschau sowie die beiden Kinofilme der **Leni Riefenstahl**: Der 1938 anlaufende zweiteilige Olympiafilm „Fest der Völker" und „Fest der Schönheit" gab für den kleinen Gerhard bald nach der Uraufführung an Hitlers 49. Geburtstag im Berliner UFA-Palast den Anlass für den ersten **Kinobesuch** seines Lebens.

Bei den Dreharbeiten wurden technische Neuerungen eingeführt, zum Beispiel eine vom Kameramann Walter Frentz entwickelte Unterwasserkamera. Besonders beeindruckten Gerhard die neuartigen Zeitlupenaufnahmen. Riefenstahls Team experimentierte ebenfalls mit Aufnahmen aus **Heißluftballons** und einem **Zeppelin**.

Die Übergabe der Medaillen auf dem Siegertreppchen quittierten die deutschen Sportler mit starrem Blick in die Ferne und dem **Hitlergruß**. Olympia wurde als Zeichen der Überlegenheit der arischen Rasse gefeiert. Mit 33 Goldmedaillen gewannen die deutschen Teilnehmer die Nationenwertung vor den USA (24) und Ungarn (10). Der Umstand, dass der Afroamerikaner **Jesse Owens** vier Goldmedaillen im Laufen errang und im Weitsprung sogar einen Weltrekord aufstellte, wurde eher zähneknirschend hingenommen.

Jesse Owens' Sieg über 100 m in 10,3 Sekunden

Im Rausch der Geschwindigkeit

Neben den Olympischen Spielen faszinierten Gerhard die Geschwindigkeitsrekorde des deutschen Rennfahrers **Bernd Rosemeyer**. Seinen ersten Sieg als Werksfahrer der Auto Union feierte er am 29. September 1935 auf dem Masaryk-Ring bei Brünn (Brno). 1936 wurde Rosemeyer Europameister. Im Wettbewerb mit Rudolf Caracciola stellte er beeindruckende Geschwindigkeitsrekorde auf. Im Oktober 1937 übertraf er auf einer normalen Verkehrsstraße erstmals die Marke von vierhundert Stundenkilometern. Wie ein Schlag berührte es Gerhard und all seine Klassenkamaraden, als Rosemeyers Fahrzeug am 28. Januar 1938 auf der Autobahn Frankfurt-Darmstadt-Heidelberg bei Tempo 440 km/h von Seitenwind erfasst wurde. Der Star der Jugend verunglückte und war auf der Stelle tot.

Bernd Rosemeyer und Elly Rosemeyer-Beinhorn

Im Jahr darauf publizierte Rosemeyers Witwe, Elly Rosemeyer-Beinhorn, eine bekannte Pilotin, den Titel **„Mein Mann, der Rennfahrer. Der Lebensweg Bernd Rosemeyers“**. Das Buch wurde von Groß und Klein förmlich verschlungen. Rückblickend beschrieb Victor Klemperer im Jahr 1946 die Euphorie jener Jahre wie folgt: **„Das einprägsamste und häufigste Bild des Heldentums liefert in der Mitte der dreißiger Jahre der Autorennfahrer: Nach seinem Todessturz steht Bernd Rosemeyer eine Zeitlang fast gleichwertig mit Horst Wessel vor den Augen der Volksphantasie.“**

Fahnenappell

Während des Krieges wurde der Schulunterricht wesentlich stärker diszipliniert. Die Woche begann am Montagmorgen mit dem Appell der gesamten Lehrer- und Schülerschaft auf dem Schulhof. Im Winter und bei schlechtem Wetter fand die Veranstaltung vor der Aula statt. **„Antreten ... Richt' euch!"** sowie die anschließende Fahnenhissung mit schneidiger Ansprache des Rektors erinnerten schon stark an das Militär.

Der Schulleiter hatte sich seine Sporen an einer „Napola" verdient. In den Nationalpolitischen Erziehungsanstalten wurde die Elite des Dritten Reiches herangezogen. Zweimal musste Gerhard eine **Strafstunde** beim Rektor absitzen. Natürlich befiel ihn große Angst, doch er verhielt sich zurückhaltend. Auf Unverständnis insbesondere bei Gerhards Eltern stieß der Rektor in anderer Hinsicht. 1943 hatte der Ortsgruppenleiter bei einem Besuch den „alten Geist", der an der Schule herrschen würde, kritisiert. Er bezog sich dabei speziell auf die in Bleiglas gegossenen bunten Fenster in der Schulaula. Sie zeigten neben Bismarck und Moltke auch „den Verräter Wilhelm II.". Daraufhin ließ der Rektor mitten im Krieg den Kaiser entfernen und in die Rahmen Milchglas einsetzen.

Weihnachten im Krieg

Geschenke waren dünn gesät

Es war beinahe wie jedes Jahr zu Weihnachten: Auf der kleinen Kommode stand ein Weihnachtsbaum. Er fiel in diesem **Kriegswinter** etwas kleiner aus. Die Pyramide drehte sich im Kreise und Vater Albert spielte auf dem Klavier ein Lied. Bescherung, Weihnachten 1944. Doch der Gabentisch zierte in diesem Jahr nicht wie üblich das Buffet, sondern war unter den Weihnachtsbaum gewechselt. Die Geschenke des Weihnachtsmanns waren gezählt. Mit großer Mühe hatte Mutter Rosa kleine Päckchen gepackt, dazwischen Zweige und Servietten gelegt, damit der Tisch etwas voller wirken würde.

Lisa nahm das für sie bestimmte größere Päckchen hervor. Was würde es dieses Jahr wohl geben? In den letzten Monaten hatte sich das Kind schon gefreut, wenn es daheim satt wurde und das Feuer im Ofen bollerte. Sorgsam zog sie die große blaue Schleife vom Geschenk, wusste sie doch, dass man diese mehrmals verwenden kann. Gleiches galt für das Geschenkpapier. Leichte Knickfalze deuteten darauf hin, dass es schon das eine oder andere Mal zur Zierde eines Geschenks gedient hatte.

Nun öffnete Lisa den Deckel. Fassungslos schaute sie hinein. Mine, ihre kleine Puppe kam zum Vorschein! Seit Wochen hatte das Kind vergeblich nach dem Spielzeug Ausschau gehalten. Es war wie spurlos verschwunden gewe-

Kriegsweihnacht

sen. Aber was war das? Die blonden Haare der Puppe zierten eine neue rote Schleife, und was für ein schönes Kleid! Jetzt verstand Lisa das Getuschel in der Vorweihnachtszeit, Mutter hatte die Puppe heimlich neu eingekleidet. Ein hilfloses Lächeln lag auf Rosas Gesicht.

Am Weihnachtsbaum mit Puppe

Neben dem Mädchen stand Vater mit seinem Geschenk. Seinem Gesicht war für einen Moment anzusehen, dass auch er etwas überrascht schien. Als Mutter zur Vorbereitung des Abendbrots in der Küche stand, raunte er dem Kind zu: „Was denn, Mine haste schon mal geschenkt bekommen? Tröste dich, Kind, mit meiner ‚neuen' Krawatte bin ich dieses Jahr schon zum dritten Mal überrascht worden!“

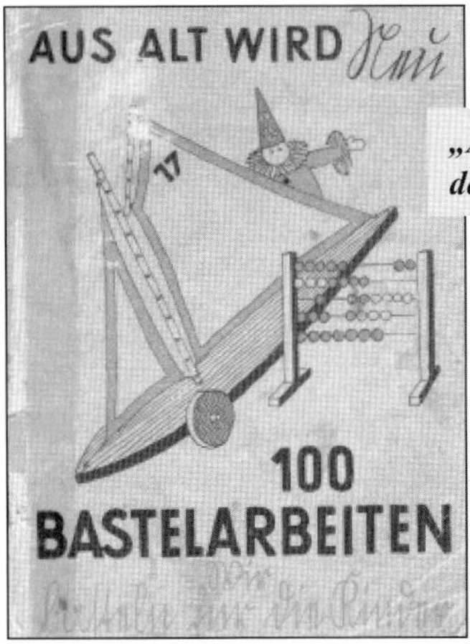

„Aus Alt wird Neu – Basteln für die Kinder 1943“

„Aus Alt mach Neu – 100 Bastelarbeiten – wir basteln für die Kinder“

Kein Kind soll an seinem Geburtstag, Namenstag oder zu Weihnachten unbeschenkt bleiben. Das scheint leicht gesagt, denn die Spielwarenläden, in denen die Eltern früher jedes gewünschte Geschenk für ihre Kleinen fanden, können keine große Auswahl mehr bieten. Wir sind im Krieg und da hat auch die Spielzeugindustrie umgestellt. Sie arbeitet mit daran, dem deutschen Soldaten die Waffen zu liefern, deren er bedarf, um den Sieg zu erringen. Daß die Spielzeugindustrie hierfür ihre Arbeitskräfte und Rohstoffe verwendet, das verstehen wir vollkommen. Wir wissen, daß es gar nicht anders sein kann.

Aber deshalb braucht der Geschenktisch unserer Kinder nicht leer zu bleiben. Mit einem Zauberwort: „Aus Alt wird Neu!“ schaffen wir Wunderdinge herbei. Dieses Büchlein gibt die sachgemäße Anleitung. Es braucht nicht viel dazu, nur ein klein wenig Geschick im Basteln, das sich jedermann mit etwas gutem Willen aneignet und in der Hauptsache Altmaterial, wie man es in allen Familien zur Hand hat. Die Verwertung von Altmaterial hilft uns außerdem Rohstoffe zu sparen, die heute alle kriegswichtig sind, ganz gleich, um was es sich handelt.

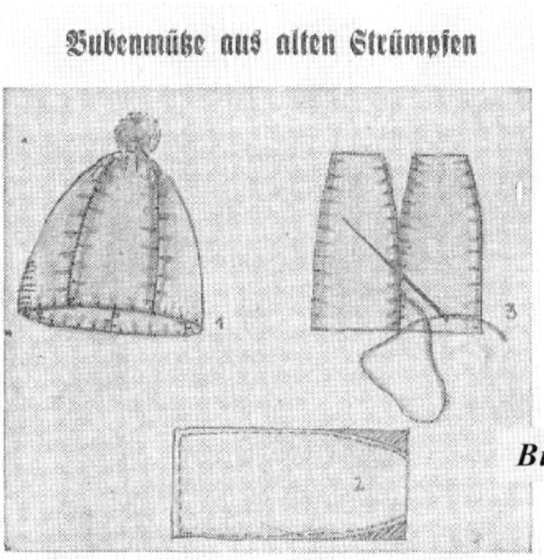

Bubenmütze aus alten Strümpfen

Den Kleinen ist es ganz gleich, ob auf ihrem Geschenktisch ein Spielzeug steht, das fertig gekauft wurde, oder eines, das die Eltern mit viel Liebe selbst gebastelt haben. Größere Kinder aber, die schon das notwendige Verständnis besitzen, werden sogar ein Geschenk doppelt schätzen, wenn sie wissen, dass es aus der Hand der Eltern hervorging. Und noch eines: Vater und Mutter machen sich selbst die größte Freude, wenn sie in emsiger Arbeit am Feierabend ein Spielzeug entstehen sehen, das ein Geschenk der Liebe sein soll.

Arbeitsdienst und Kinderkriegen

Vaterländische Pflicht

Ab 1933 war es den Nationalsozialisten gelungen, die Arbeitslosen mit diversen Beschäftigungsmaßnahmen von der Straße zu holen. Der zwei Jahre später eingeführte **Reichsarbeitsdienst** (RAD) verpflichtete alle jungen Männer zum halbjährigen Arbeitsdienst. Analog zum Militär erhielten die betroffenen 18- bis 25-Jährigen ihre Einberufung. In der Propaganda wurden neben der guten Verpflegung die Kameradschaft sowie die Arbeit für das deutsche Volk gewürdigt. Mit dem Spaten wurden Ackerland kultiviert, Reichsautobahnen oder Parkanlagen angelegt und der Westwall errichtet. Die Entlohnung war auch für damalige Verhältnisse schäbig, sie betrug 25 Pfennig am Tag.

Tatsächlich war die erstmalige längere Trennung der Jungen von der Familie alles andere als einfach. Gern suchten sich die Ausbilder Schwächere oder Abiturienten als Opfer, um sie durch körperliche Überanstrengung gefügig zu machen: Harter Drill „bis euch das Wasser im Arsch kocht!“ war die De-

NS-Hilfe

Streng militärisch ging es zu

vise. Blasen an den Händen von der ungewohnten Arbeit und die gefürchtete **Eskaladierwand** gehörten zum RAD. Das gemeinsame Erlebnis des kameradschaftlichen oder freundschaftlichen Miteinanders für einen (vermeintlich) guten Zweck begeisterte aber auch manche der Einberufenen.
Für die jungen Frauen hatte die NSDAP 1934 das Hauswirtschaftliche Jahr eingeführt. Die mit 14 aus der Schule entlassenen Mädels sollten auf diese Weise in die Pflichten einer Hausfrau eingewiesen werden. Eine deutsche Frau hatte nach Auffassung der Nationalsozialisten ihren vaterländischen Pflichten hinter dem Kochtopf und mit der Geburt von ausreichend Kindern nachzukommen.

16-Jährige wurden eingezogen

Mit Kriegsbeginn wendete sich das Blatt. Die jungen Männer führte der Weg ab September 1939 vom RAD direkt an die Front. Die ohnehin paramilitärische Ausrichtung des Reicharbeitsdienstes wurde in eine rein militärische Grundausbildung im Vorfeld der Wehrmacht umgewandelt. Zum Schluss wurden sogar 16-jährige Jungen eingezogen: Nach Absolvierung der militärischen Grundausbildung beim RAD folgte die Verlegung an die Front. So erging es Sophies großem Bruder. Glücklicherweise kam der Junge mit Kriegsende unbeschadet nach Hause. Seinen ersten freien Abend wollte er **„zu Tanze“** gehen. Prompt verwies ihn der Saalordner des Raumes mit den Worten: „Ein **16-jähriges Kind** hat hier gar nichts zu suchen!“ Darüber platzte dem Abgekanzelten dann doch der Kragen: **„Aha. Totschießen lassen darf ich mich also mit 16, aber tanzen noch nicht!“** Man gewährte ihm Zutritt …

Als Maid beim Bauern

Verpflichtung auch für Frauen

Während des Zweiten Weltkriegs wurde der Dienst auch für Frauen zur Pflichtaufgabe. Sophie bekam ihren Stellungsbefehl als **Arbeitsmaid** wenige Tage nach der Schulentlassung im Sommer 1944. Im **Arbeitslager** in der Lausitz wurde dem Mädchen zunächst die Grundausstattung ausgehändigt.

Dazu gehörten die erdbraune Uniform, eine Schürze sowie die Unterwäsche. Der Tag im **Barackenlager** begann für die Maiden mit dem **Morgenappell**. Vor den angetretenen Frauen wurde die rote Fahne mit den Ähren und dem Hakenkreuz gehisst. Anschließend wurde der Morgenspruch als Losung für den weiteren Tag verkündet. Bis hierhin nahm Sophie das Geschehen trotz der harschen Befehle nur benommen wahr. Unangenehm wach machte sie der folgende Morgenlauf durch das Lager.
Für das verwöhnte Stadtkind war die Arbeit beim Bauern hart: **Rüben zupfen**, **Obst ernten** und **Heu wenden**. Selbst Holz musste Sophie auf dem Bauernhof hacken. Manchmal durfte die kleine Maid auf die Kinder aufpassen, was ihr wesentlich besser behagte. Dennoch, nach den ersten Wochen der Eingewöhnung war sie richtiggehend erleichtert, wenn sie den morgendlichen Drill im Lager hinter sich hatte und die Arbeit beim Bauern begann.

Lagerleben mit schönen Seiten

Wie die anderen Mädels schnitt Sophie am Abend eines jeden gedienten Tages vom Bandmaß einen Zentimeter ab. Dabei hatte das abendliche **Lagerleben** auch schöne Seiten: So die persönlichen Gespräche mit den anderen Maiden, ihre neu gewonnene Freundin Ilse oder die gemeinsamen **Singabende**. Stolz frankierte Sophie ihre Post nach Hause mit der roten RAD-Briefmarke, die einen in die Zukunft blickenden Arbeitsmann abbildete.

Arbeiten in der Landwirtschaft

Aber das erhoffte Ende des Arbeitsdienstes im Winter 1944/45 kam nicht. Statt der erwarteten Entlassung nach Dresden wurde Sophie nun in einen niederschlesischen Rüstungsbetrieb versetzt. Wie oft dachte sie sehnsüchtig an die Zeit in der Landwirtschaft zurück, während sie an der verhassten Drehmaschine Zünder für die Front bearbeitete! Der üble Geruch der Kühlflüssigkeit, das Maschinenfett, die Späne – von all dem wurde ihr übel. Dazu war es kalt und die beim Bauern so schmackhafte Verpflegung ließ im Rüstungsbetrieb deutlich nach.

Lager des RAD im niederschlesischen Rüstungsbetrieb Winter 1944/1945

Rückkehr nach Hause

Sophie hatte bald nur noch einen Gedanken – sie wollte heim. Anhaltende Gerüchte über den Kriegsverlauf taten ein Übriges. Was Sophie und die anderen Maiden nicht wussten: Hinter ihrem Rücken bereitete die Lagerleitung seit Januar 1945 den Untergang vor. Heimlich wurden die Personalakten von der Führung verbrannt. Längst war mit der Reichsleitung in Berlin die Fluchtroute ihres Lagers gen Westen abgestimmt worden.
Sophie fand einen verständnisvollen Arzt, der das Mädchen für Arbeitsdienst untauglich schrieb. Das Mädchen setzte sich frohgemut in den Zug ins heimische Dresden. Hier herrschte in der Tat noch so etwas wie heile Welt vor. Als sie mit ihrem kärglichen Gepäck aus dem Hauptbahnhof kommend über den Wiener Platz schritt, marschierte ihr eine Kolonne **Pimpfe** entgegen. Was für ein absurdes Theater, dachte sich Sophie. Die prachtvollen Fassaden der Prager Straße waren unversehrt. Nur die Gesichter der Passanten drückten die ungeheuere Anspannung aus.
Freudestrahlend stand ihre Mutter in der Tür, als Sophie in der heimischen Wohnung Schießgasse klingelte. Die Speisekammer wurde für ein kleines Festmahl gestöbert. Es gab Kartoffeln und Quark, die Lieblingsspeise der Tochter. Sophie erzählte ihre Erlebnisse als Maid und ihre ärztlich unterstützte Flucht aus dem Lager des RAD. Doch alsbald verfinsterte sich Mutters Miene. Aus Gerüchten und Briefen von Verwandten wusste sie, dass sich die **Bombardements** großer Städte mehrten. Irgendwann, so ahnte sie, würde auch Dresden betroffen sein. „Du drehst dich ja beim Angriff nur zur Seite, statt in den Keller zu gehen. Das halte ich nicht aus!“

In letzter Minute – Rückkehr zum RAD rettet ihr Leben

Mutter entschied also, dass die Tochter am Folgetag zurück ins ungeliebte Lager des RAD fahren sollte. Widerwillig setzte sich Sophie am Abend des 12. Februar 1945, es war der Montag vor Fasching, in den Zug nach Görlitz. Die traurigen Augen der Mutter beim Abschied würde sie nie mehr vergessen. Ihr aber rettete die Rückkehr zum RAD das Leben. Die 56 Bewohner des Eckhauses in der Dresdner Innenstadt kamen beim Angriff am 13. Februar 1945 ums Leben. Allein der Hausmeister, Herr Behrens, überlebte. Während des Angriffs hatte er in einer Schule am Stadtrand seinen Dienst als **Luftschutzhelfer** getan. Vergeblich suchte er in den Trümmern des Hauses nach Überlebenden seiner Familie. Seine Angehörigen waren wie die übrigen Hausbewohner im Keller erstickt. Herr Behrens konnte die Wahrheit nicht fassen. Er kehrte in seine Schule zurück und erhängte sich.

Brennende Städte überall (Foto Hans-Joachim Dietze)

Tote Menschen lagen nach Luftangriffen in den Straßen

Sophies Mutter galt seit dem Angriff als **verschollen**. Die Tochter kehrte am Kriegsende in die Stadt zurück und baute sich eine Familie auf. Im Jahr 1986, vier Jahrzehnte waren seit der Bombardierung ihrer Heimatstadt vergangen, ging Sophie in die Buchhandlung am Altmarkt. Neugierig blätterte sie in einer Neuerscheinung zum Angriff auf Dresden. **Flugzeuge**, **Christbäume**, **Ruinen**, **Opfer**. Bebend entdeckte Sophie in dem Band ein kleines Schwarz-Weiß-Foto. Eine Frau liegt da tot auf dem Altmarkt. Die Schürze, die Schuhe, kein Zweifel …

Die Flucht aus Ostpreußen

Sowjetische Truppen kommen ins Land

Erwin wuchs in dem ostpreußischen Ackerbürgstädtchen Wartenburg (Barczewo) im Kreis Allenstein auf. Vater war selbstständiger Schneidermeister und hatte am Marktplatz sein Geschäft. Im August 1939 zog ihn die Wehrmacht zu einer vierwöchigen Übung ein. Erwin war gerade sieben Jahre alt. Vaters „Übung" sollte erst 1946 zu Ende gehen.

Im entlegenen Ostpreußen merkte das Kind wenig vom Zweiten Weltkrieg. Einmal, das war während des Feldzuges gegen die Sowjetunion, musste eine deutsche Maschine auf der Feldflur notlanden. Ab und an zog Militär durch das Städtchen. Schlagartig änderte sich die Situation, als im Oktober 1944 sowjetische Truppen bei Goldap erstmals in Ostpreußen eindrangen. Die Vierte Armee unter General Hoßbach warf die Russen nach drei Wochen zurück. Der Schock aber steckte tief. Erwins älterer Bruder erlebte an der deutschen Offiziersschule das Gemetzel der sowjetischen Truppen aus eigener Anschauung. Und doch schien sich die Situation wieder zu normalisieren. Niemand in Wartenburg wollte von der Bedrohung Notiz nehmen. 1944 waren Teile des Oberkommandos des Heeres in die ostpreußische Kleinstadt verlegt worden. Erwin und seine Mitschüler mussten die Schule verlassen und in eilig gezimmerte Baracken ziehen. Bei der Präsenz von hohen Militärs – was konnte ihnen passieren?

Natürlich drangen Gerüchte vom Zusammenbrechen der deutschen Front zu ihnen. Die Geräusche von der Front waren schließlich unüberhörbar. Aber was sollte denn das Ganze? Der Führer hatte seine **Wunderwaffe** in petto, ihr Einsatz würde alles umkehren. In diesem festen Glauben sträubte sich Erwins Mutter bis zur letzten Sekunde, Wartenburg zu verlassen.

Es war Sonntag, der 21. Januar 1945. Erwin fuhr Ski über die verschneiten Felder. Verwundert bemerkte er das Fehlen der Soldaten. Über Nacht war der Generalstab abgezogen. Darüber wurde er unruhig und kehrte in die Stadt zurück. Die Straßen waren wie leergefegt, die Bürger hatten sich zum Sonntag in der Kirche zum Gottesdienst versammelt. Um die Ecke fuhr hastig ein Auto, quietschend kam es vor dem Rathaus zum Stehen. Jemand stieg aus. Es war der Landrat persönlich, der in das Haus schrie: **„Wieso sind hier keine Maßnahmen zum Abrücken getroffen? Es wird überall gekämpft!“**

Die ostpreußische Kleinstadt Wartenburg im Krieg

Erwin rannte zur Kirche. Er platzte mitten in die Andacht hinein und berichtete dem Pfarrer vom eben Gehörten. Der brach den Gottesdienst ab, nicht ohne der Gemeinde vorher den Segen zu erteilen. Die Menschen eilten nach Hause, packten das Nötigste und begaben sich zum Bahnhof. Das Gerücht hatte sich verbreitet, dass ein Zug sie von dort gen Westen transportieren würde. In der Ferne rollten die Kanonen. Nach drei Stunden des Wartens in klirrender Kälte kehrten sie unverrichteter Dinge in ihre Wohnungen zurück.
Am späten Abend kam neuerlich Bewegung in die kleinen Straßen. Tatsächlich stand am Bahnhof Wartenburg ein Güterzug und brachte eine Artillerieeinheit in Stellung. Der Zug transportierte Erwin und seine Mutter zu einer fremden Bahnstation. Militärfahrzeuge verteilten die Flüchtlinge auf die umliegenden Häuser, deren Bewohner längst geflohen waren. Im Keller fand Mutter etwas zu essen. Schlafen mussten sie zu zwölft auf dem Fußboden eines Zimmers. Am nächsten Morgen wurden die Soldaten zum Abtransport der Flüchtlinge angewiesen. Die Fahrt endete für sie einen Ort weiter an einer Kreuzung. Auf den Straßen herrschte trotz der eisigen Temperaturen lebhafter Verkehr: Die Flüchtlingstrecks zogen gen Westen, Militärtransporte verliefen in die entgegengesetzte Richtung.
Die Russen überzogen die Nachschubwege mit gezielten Bombardements. Mutter nahm ihren Sohn bei der Hand. Abseits der Straßen kämpften sie sich

Meter für Meter, die wenige Habe auf einem Schlitten untergebracht, über die vereisten Felder westwärts vor. Bauern gaben ihnen etwas zu essen. Doch dann ging es nicht mehr weiter: Mangels geeigneten Schuhwerks war Mutter bei **20 Grad Frost** der Fußballen erfroren. Ein Laster nahm sie ein Stück mit. Beim Abladen ging Erwins Rucksack verloren. Glücklicherweise hatte Mutter einiges Bargeld zur Hand. Sie hatte es am Sonnabend vor der Flucht bei der Bank einzahlen wollen. Die war aber geschlossen gewesen wegen des Fliegeralarmes.

Wo bleibt die Wunderwaffe?

Endlich erreichten die beiden die Kreisstadt Heiligenbeil im westlichen Teil von Ostpreußen. Hier fanden sie für zwei Wochen bei einer entfernten Verwandten Obdach. Der 20. Februar war gekommen. Wieder schoss die russische Artillerie über ihre Köpfe hinweg. Wieder hatten sie bis zur letzten Minute ausgeharrt, obwohl die ansässige Bevölkerung längst ihre Kleinstadt verlassen hatte. Wann nur würde Hitler endlich seine versprochene **Wunderwaffe** einsetzen? Mit einem gefundenen Fahrrad als Transporthilfe erreichten Mutter und Sohn das Frische Haff. Dreimal unterbrachen **russische Angriffe** die Überquerung der Eisfläche. Als ihr **Pferdefuhrwerk** in eines der von Bomben gerissenen Löcher rutschte, sah Erwin sein letztes Stündlein gekommen. Zum wievielten Male eigentlich? Und doch gelang es, mit gemeinsamer Anstrengung sich und die anderen Flüchtlinge aus den eiskalten Fluten zu befreien.

Der Schrecken der Flucht

Am Morgen erreichten sie an der Frischen Nehrung die Ostseeküste. Pillau war längst geräumt. Doch inmitten von Eis und Schnee war die Hafenmole schwarz vor ostpreußischen Flüchtlingen. Drei Schiffe lagen bereit, sie nach Danzig zu überführen. Erwin überlegte, wie wohl die Menschenmassen da raufpassen sollten. In seine Gedanken hinein schellte es blechern aus den Lautsprechern: **„Alle zurück in die Quartiere, die Schiffe sind voll!"**

Erwin sah das erschrockene Gesicht seiner Mutter. Was nun? Es war dunkel geworden und ein Quartier hatten sie nicht. In ihrer Not wandte sich Mutter an einen Offizier im Hafen. Der schaute sie beide von unten nach oben an

und sagte überraschend: „Kommen Sie mit. Morgen sind Sie in Danzig.“ Fassungslos starrte der Junge den Helfer an. Er geleitete sie auf ein Begleitboot der **Flüchtlingsschiffe** mit einer Vierlingsflak. Die Nacht verbrachten sie im Büro des Kapitäns. Tatsächlich, am kommenden Morgen betraten sie in Danzig sicheren Boden.
Eine Woche später: Am späten Abend des 28. Februar 1945 rollte ein Personenzug mit Erwin und seiner Mutter in den Stettiner Bahnhof ein. Die bereits hart umkämpfte Reichshauptstadt lag in Trümmern. Die beiden wollten weiter gen Westen zur Verwandtschaft in Hildesheim. Doch die Frostwunden an Mutters Füßen zwangen sie zu einem Stopp. Eine Nacht auf dem zerstörten Bahnhof, dann brachte sie die erste S-Bahn in das verschlafene Velten. Morgens um fünf Uhr klingelte Erwins Mutter bei Tante Hedwig. Mehr als fünf Wochen hatte die Flucht schon gedauert. Sie brauchten dringend eine Erholungspause …
Erwin wurde in der Schule angemeldet. Mutter wurde als Schneidermeisterin schnell eine gefragte Person in Velten. Es gab ja nichts mehr zu kaufen, da hatte beinahe jeder etwas umzunähen. Doch in der Kleinstadt heulten nahezu jede Nacht die **Sirenen** auf. In den Oranienburger Auer-Werken vermuteten die Amerikaner Hitlers Wunderwaffe. Die geheimen Uranforschungen der Nazis sollten keinesfalls den Russen in die Hände fallen. Auch der Oranienburger Flugplatz und die Heinkelwerke wurden noch im März und April 1945 Ziel schwerster **Luftangriffe**.

Ankunft in der Mark Brandenburg am 1. März 1945

Velten selbst blieb jedoch weit gehend verschont. Einige amerikanische Fliegerbomben gingen im Umfeld des Bahnhofes nieder, ein paar sowjetische Granaten richteten im Zuge der direkten Kampfhandlungen Zerstörungen an. Am 23. April marschierte die Sowjetarmee in Velten ein. Erwin hockte mit seiner Mutter und den Verwandten im Keller. Eine deutsche Fliegerbombe zerstörte die Villa des Bauers Krause. Dann war der Krieg für Erwin zu Ende.
Seine ostpreußische Heimat sollte er nicht wiedersehen.

Es begann mit einem schönen Frühlingstag

Kinderträume von „russischen Bestien"

Die Maiensonne hing über der Kleinstadt und hatte die letzten Spuren des Winters vertrieben. In den Vorgärten folgten die Maiglöckchen den Schneeglöckchen und Märzenbechern. Kräftiges Grün breitete sich über die Zweige der Bismarckeiche auf dem Hügel aus. Singvögel zwitscherten. Es schien, als könnte nichts die paradiesische Stimmung im Frühjahr 1945 stören.

Frühjahrsidylle im Vorgarten

Helga und Käthe waren nach der Schule auf die fruchtbaren Felder hinter den Scheunen gelaufen. Am Morgen hatten sie in ihre **Zöpfe** bunte Schleifen geknüpft. Da, in der Ferne ein dumpfes Grollen. „Das ist nur ein Gewitter", versuchte Helga ihre Freundin abzulenken. Doch instinktiv lenkte sie ihre Schritte zurück ins Städtchen. Klar, auch sie hatte Angst vor Blitz und Donner. Doch wusste Helga so gut wie Käthe, da am blauen Himmel würde sich jetzt kein Gewitter zusammenbrauen. „Es sind die Russen!", schoss es dem Mädchen durch den Kopf. Sorgenvoll hatte Mutter am Morgen beim Frühstück von der **Roten Armee** gesprochen. „Das ist schon die russische Artillerie!", sagte sie ihrer Tochter. Die stockende Stimme war für Helga das untrügliche Zeichen der tiefen Beunruhigung ihrer Mutter.

Mädchen mit den damals üblichen Zöpfen

Ein Kriegsverwundeter hatte in der Schule von den Schrecken erzählt, der den Schülern bevorsteht, die nicht treu hinter dem Führer stehen. Er sprach von Seidenraupen, Wunderwaffen und Schützengräben für den **Endsieg**. Ja, die Russen. In ihren Alpträumen erschienen sie Helga als dunkle, behaarte Tiere mit kräftigen Klauen und funkelnden Augen. Diese Ungeheuer fielen über die Frauen und Kinder her. Schweißgebadet wachte Helga auf, als in ihrem Traum eine der russischen Bestien mit dem blitzenden Messer auftauchte.

Konserven für den Endsieg

Drüben auf der anderen Seite der Kleinstadt stand die große Konservenfabrik. Hier wurde das Gemüse aus einem weiten Umfeld verarbeitet. Die Gärten und Felder sind bei uns sehr fruchtbar, hatte der Lehrer den Kindern erklärt. In der Fabrik hatten früher die Männer gearbeitet, so wie Helgas Bruder Konrad. Doch der war seit mehreren Jahren im Krieg. Es gab überhaupt kaum noch Männer in ihrer Stadt. Zuhause in der Küche putzten Mutter, die Schwestern und die Großeltern in **Heimarbeit** das Erntegut. Immer fiel eine Kleinigkeit für die Kinder ab. Davon aber durfte Helga in der Schule nichts erzählen. Die Gemüsekonserven waren für die Front bestimmt, damit die Russen nicht kommen.
Helga hatte ein bisschen Glück: „Nesthäkchen“ hatten sie die älteren Geschwister geneckt. Ihr Vater hatte schon im Ersten Weltkrieg gekämpft und wurde nun als 50-Jähriger nicht mehr an die Front geschickt. Er betrieb in der Stadt eine Schmiede. Die Bauern der umliegenden Dörfer brachten dem Vater ihre kaputten Landmaschinen zur Reparatur. Doch ganz zum Schluss erwischte es ihn doch noch: Eine Armbinde über seinem grauen Anzug zeichnete ihn als Angehörigen des **Volkssturms** aus.

Auf dem Land gab es immer etwas zu essen …

Das Radio in der Stube plärrte unbeirrt vom „Endsieg!“ Im Kinderzimmer hing noch Konrads Landkarte Europas. Kleine rote Punkte markierten die neuen Grenzen des Deutschen Reichs. Sie lagen auf der linken Seite am Atlantik und rechts, weit weg von daheim, an einem Fluss namens Wolga. Dorthin war Helgas Bruder Konrad 1942 als Soldat gezogen. Lange hatte sie nichts mehr von dem Großen gehört. Drei Jahre waren ins Land gegangen. An ihr Ohr drang der **Kanonendonner** aus der Ferne. Das Deutsche Reich war klein geworden. Helga glaubte nicht mehr an den Endsieg.

Fremdarbeiter in der Stadt

In der Konservenfabrik arbeiteten seit einigen Jahren Leute aus Polen. Gelegentlich vernahm Helga deren unbekannte, zischelnde Sprachmelodie sowie das harte „Tak“. In der polnischen Sprache bedeutet es „Ja“, erzählte die aus Schlesien stammende Großmutter. Helga selbst hatte noch kein Wort mit den Fremden gewechselt. Das geziemte sich nicht, hieß es beim **Bund Deutscher Mädel**.

BDM: „Mit Fremdarbeitern spricht man nicht!“

Gestern nun waren Männer in schwarzen Hemden und schweren Stiefeln in der Stadt aufgetaucht. Ihre grimmig dreinblickenden Gesichter ängstigten Helga noch mehr als die Russen in der Ferne. Auch wenn das dumpfe Rollen der Kanonen langsam näher zu rücken schien. Unterdessen waren die beiden Mädchen von den Feldern in die Stadt zurückgekehrt. Als sie sich eben voneinander verabschieden wollten, entdeckte Käthe unten vor der Kirche Leute. „Was ist denn da bloß los?“, wandte sich Käthe halb neugierig, halb ängstlich an Helga. Die beiden eilten die Straße hinab. Scharf erscholl Mutters Ruf aus dem Küchenfenster. Die Mädchen blieben wie angewurzelt stehen und liefen zum Haus.

Im Vorgarten angekommen, vernahmen sie unten an der Kirche Detonationen, die sich mit markerschütternden Schreien vermischten. „Wo ist Vater?“ Mutter neigte sorgenvoll den Kopf. „Geht hoch, spielen!“, herrschte sie die beiden unvermittelt an, längst wieder über ihre Schüssel mit Gemüse gebeugt.

Das Geständnis

Die Russen rückten am Tag darauf in die Stadt ein. **Über Nacht waren die SS-Männer in ihren schwarzen Uniformen verschwunden**. Von den schlimmen Begebenheiten vor der Kirche redete niemand in der Stadt. Der Sommer war gekommen. Eines Tages begegnete Helga hinter den Gärten dem Heinz. Er war der Sohn des Polizisten. Wieder einmal gingen ihre Gedanken in die letzten Kriegstage zurück. Plötzlich hub der Junge zu heulen an. „Was ist denn los mit dir, ist was mit deinem Bruder?“, fragte Helga besorgt. Sie wusste, dass der älteste Sohn des Polizisten seit zwei Jahren im Osten vermisst war. Doch der Heinz schüttelte den Kopf. „Horch her, du erzählst das niemandem weiter!“ Die Stirn in Falten, der Blick starr, fing er keuchend an zu erzählen:
„Es war an dem Tag, bevor die Russen kamen. Da waren doch die zwei Rotten der SS in der Stadt. Die trieben die Ostarbeiter mit Schlägen und Gebrüll runter vor die Kirche. Du weißt schon, die Polen aus der Konservenfabrik. Die Jungen, die Alten, ja selbst die schwangere Frau. Auf dem kleinen Platz wurden die Polen dann eingekreist. Ein scharfes Kommando des Rottenführers, und alle traten zurück. In dem Moment warf die SS Handgranaten in die Reihen der Fremdarbeiter. So lange, bis alle Polen tot am Boden lagen! Wenn ich im Bett bin und daran denke, kann ich nicht schlafen. Und ich denke jede Nacht daran …“
Atemlos lauschte Helga der Erzählung des Nachbarsjungen. Ihr fiel ein, wie der Vater nebenan im elterlichen Schlafzimmer im Schlaf redete und manchmal schrie. Und der entsetzte Blick des Vaters, als sie ihn nach den Ostarbeitern gefragt hatte.

Dann marschierte die Sowjetarmee ein

Hunger beherrschte den Alltag

Längst schrieben sie das Jahr 1946. Am Donnerstag vor Weihnachten wurde Helgas Vater auf die Polizeistelle in der Kreisstadt bestellt. Er kehrte nie zurück. Mit dem Schmied verschwanden auch der Polizist, der Kohlenhändler, der Schuhmacher und der Zigarrenhändler aus der Stadt. Woche für Woche fuhr Helgas Mutter in die Kreisstadt, um nach Vaters Verbleib zu fragen. Und immer kehrte sie stumm zurück. Nicht einmal die Frage, warum die Russen ihren Mann weggeholt hatten, wurde beantwortet.
Irgendjemand in der Stadt hatte Vater bei den Russen angezeigt, er wäre bei der SS-Aktion gegen die polnischen Zwangsarbeiter dabei gewesen. Im Juni 1947 kamen russische Soldaten und räumten das Haus aus. Alle Möbel, das gesamte Inventar, ja selbst die Gardinen nahmen sie mit. Nur das Kinderbettchen von Helgas Nichte blieb stehen. Nach Vaters Verschwinden hatte niemand in der Familie ein Einkommen. Das einzige Geld brachte Helga nach Hause, ihr bescheidenes **Lehrlingsgeld**. Die Vorräte an **Eingemachtem** im Keller schmolzen dahin. Hunger beherrschte den Alltag. Ein Freund der Familie überließ ihnen zwei **Angorakaninchen**. Die beiden Tiere wurden hinterm Haus in einem kleinen Stall gehalten. Zu Weihnachten schenkte ein Onkel Helga das **Spinnrad**. Sie lernte die Hasen scheren, übte sich im Spinnen und Weben.

Kaninchenzucht im Hof

Vater lebte!

Dann kam jener Donnerstag im August 1949. Drei lange, schwere Jahre waren seit Vaters Verhaftung vergangen. Völlig überraschend steckte ein kurzer Brief im Briefkasten. Aus Bautzen schrieb Vater, dass es ihm gut ginge. Seine zehn Zeilen waren im Gefängnis sichtlich kontrolliert und zensiert worden. Jedwede persönliche Regung fehlte, schon gar der Hinweis auf die Ursache seiner Verhaftung. Und doch hatte sich Helga nie im Leben über einen Brief so gefreut wie über diesen. Verhieß er doch – Vater lebte!
Gleich am nächsten Morgen fuhr Mutter in die Kreisstadt. Tatsächlich gewährte man ihr eine Besuchserlaubnis bei Vater. Mutter und Tochter reisten mit dem Zug Richtung Bautzen. Soldaten mit Maschinenpistolen, Stacheldraht und schwere Eisentore blieben dem Mädchen in Erinnerung. Über lange Gänge kamen sie in einen halbdunklen Raum. War das Papa? Sein Gesicht war eingefallen, die Stirn weiß. Zwischen Helga und Vater stand ein Tisch. Nicht einmal „Guten Tag" durfte sie ihm sagen. Doch er lebte.

Tod im Speziallager

Einmal im Jahr durfte die Familie den Vater in Bautzen besuchen. Stets sagte er, es ginge ihm gut. An einem sonnigen Maientag im Jahr 1952 lag die **Todesnachricht** im Briefkasten. Kein Hinweis darüber, was passiert war. Helgas Mutter kämpfte um die Asche des Vaters. Die Urne konnte sie schließlich in seiner Heimat begraben. Die Familie jedoch verließ die Stadt und brach sämtliche Kontakte zu ihrer Vergangenheit ab. Auf die Rehabilitation des Vaters wartete Helga vergebens. Der Großvater klagte: „Wie konnte Gott nur zulassen, dass Vater das passiert?" So wurde die Familie atheistisch.
Tausende Menschen kamen zwischen 1945 und 1952 in Speziallagern des sowjetischen Geheimdienstes „**Volkskommissariat für Innere Angelegenheiten**" (NKWD) wie Bautzen, Buchenwald, Waldenburg, Mühlberg und Sachsenhausen ums Leben oder wurden gar in **sibirische GULAGs** gebracht. Dort wie hier waren die Arbeits- und Lebensbedingungen grauenhaft. Vielfach wurde der Tod der Gefangenen billigend in Kauf genommen. Und doch unterschieden sich selbst die GULAGs wesentlich von den nationalsozialistischen Vernichtungslagern. Ziel war die oft willkürliche Bestrafung und schlimmste Ausbeutung der Gefangenen, nicht jedoch ihre industrielle Vernichtung wie etwa in Auschwitz.
Die Überlebenden der sowjetischen Speziallager waren schwer traumatisiert. Sie gingen nach ihrer Rückkehr vielfach in den Westen. Von wenigen Ausnahmen abgesehen, behielten sie ihre Erfahrungen und Erlebnisse in den sowjetischen Lagern in Ostdeutschland oder auch in Sibirien zeitlebens für sich.

Der Tag null

Suppe von den Russen

Am Morgen des 8. Mai trat die Mutter mit ernstem Gesicht an Lisas Bett: **„Die Russen sind da!"** Es war ein ausgesprochen schöner Frühlingstag. Das 12-jährige Mädchen wollte sich nun nett anziehen. Nach all den unglaublichen Erzählungen war sie gespannt auf diese Russen. Befremdet stellte Lisa fest, dass sich Nachbarskinder besonders hässlich gekleidet hatten. Dann sah sie die sowjetischen Panzer und **Panjewagen** die Breite Straße hinunterrollen. Die Fahrzeuge waren über und über mit Flieder und Forsythien geschmückt. Und wer hätte das gedacht: Die Russen sahen aus wie Menschen!? Von der Tragweite der Begegnung überwältigt, fing die zierliche Lisa an zu weinen.
Stunden später zogen die Russen durch die Häuser und fragten nach „**Uhri**" oder **Schnaps**. Ein Soldat zeigte stolz die fünf Armbanduhren an seinem linken Arm. Woher er die wohl hatte? Lisas Schwester Irene war am Theater im Kinderballett gewesen. Noch immer tanzte sie gern auf dem Hof vor sich hin, was die Soldaten sehr beeindruckte. Das Kind musste den Russen etwas vorzeigen und wurde schließlich einfach mitgenommen. Bang vor Angst wartete daheim die Mutter. All die vielen Schreckensberichte über die Russen fielen ihr wieder ein. Nach einer schier unendlichen Stunde tauchte die Tochter putzmunter mit einem Kochgeschirr wieder auf. Die Suppe, so hatte man ihr ausdrücklich bedeutet, sei für die beiden Schwestern und die Mutter bestimmt!

Kinderfreundliche Russen

Lisa sah sich in eine völlig neue Rolle versetzt. Während Kinder sonst in der Familienhierarchie ganz unten standen, übernahmen sie nunmehr die Rolle eines Schutzengels. Ging Mutter einkaufen, nahm sie stets Lisa bei der Hand. Mit einem Kind an der Seite konnten sie alle **Militärstreifen** passieren. Nachbars Göre war schon groß und hatte Lisa oft geneckt und geärgert. Doch was nützte ihm nun sein Alter? Mit 16 Jahren war der Klaus kein Kind mehr. Gelegentlich borgte Mutter die kleine Lisa an die Nachbarin aus, damit auch diese ungeschoren ihre Geschäfte erledigen konnte.
Das Mädchen suchte fortan die Nähe der Russen. Instinktiv spürte Lisa deren Sympathie für die Kinder, die so anders war als der schneidige Ton der Braunhemden. Manchmal ergatterte sie sogar ein Stück Schokolade. Doch eines schönen Tages wäre es beinahe schiefgegangen. Die Russen campierten im Mai 1945 in der Nähe auf einem Bauernhof. Wie so oft tollten Lisa und ihre Geschwister um das Hoftor herum. Plötzlich rannte ihre dreijährige Schwester auf einen Essenstisch zu, schnappte sich ein Brot und wetzte davon. Die Soldaten hatten die kleine Diebin durchaus bemerkt. Dennoch hielten sie sich die Bäuche vor Lachen. Lisa dachte sich: „Was die Kleene kann, kann ich doch ooch!" Sie nahm ihren Mut zusammen und schnappte sich das zweite

Brot. Das aber ging den Russen nun doch zu weit. Freundlich, aber resolut nahmen sie ihr das Brot aus den Händen und brachten sie nach Hause …

Dreijährige mit Brot: „Das gebe ich nie wieder her!"

Der Krieg war also zu Ende. Irgendwie gewöhnten sich die Leute schließlich an die Anwesenheit der Russen. Zuversicht breitete sich aus. Die Alten, die Frauen und ihre Kinder freuten sich, dass sie den Krieg überlebt hatten. Bei aller Einschränkung und Armut hofften sie auf die baldige Rückkehr der Männer aus der **Gefangenschaft** und den Aufschwung.

Erste Erfolge der neuen Macht

Soziale Errungenschaften

Den Kindern galt die besondere Fürsorge der neuen Ordnung. Auf Befehl der Besatzungsmacht erhielten sie 1945 auf Lebensmittelmarken eine Zuteilung von Magermilch. Für die Jüngsten wurden **Kindergärten** und **Schulen** ausgebaut, spezielle Schülerkonzerte oder Museumsführungen organisiert und **Ferienlager** veranstaltet. Mit dem Gesetz für den Mutter- und Kinderschutz von 1950 standen arbeitenden Frauen fünf Wochen **Schwangerschaftsurlaub** vor der Geburt und sechs Wochen Arbeitsbefreiung danach bei vollem Lohnausgleich zu. Kinderreiche Mütter erhielten bei der Geburt des dritten Kindes eine einmalige Beihilfe von 100 DM, beim vierten Kind stieg die Unterstützung auf 250 DM und ab dem fünften Kind auf 500 DM. Auch ein **Kindergeld** wurde eingeführt. Für das vierte Kind erhielten die Mütter eine staatliche Unterstützung von 20 DM im Monat, für jedes weitere Kind 25 DM. „Im Westen", also der Bundesrepublik, wurden entsprechende Beihilfen Mitte der 1950er Jahre eingeführt.

Ungeachtet der schwierigen Rahmenbedingungen wurden Anstrengungen für eine Verbesserung der medizinischen Betreuung unternommen. Richards kleinster Bruder erhielt in den kalten Wintermonaten des Jahres 1947 Vitamin D 2 gereicht, um der Rachitis vorzubeugen. Die **BCG-Schutzimpfungen** gegen Tuberkulose verzeichneten geradezu spektakuläre Erfolge: Die Neuerkrankung von Kindern in der sowjetischen Besatzungszone tendierte alsbald gegen null. Bereits Mitte der Fünfziger Jahre konnten die nach dem Krieg eilends geschaffenen Tbc-Heilstätten für Kinder wieder geschlossen werden. Mit Stolz vermeldeten die **DDR-Gesundheitspolitiker** 1954 den Rückgang der Säuglingssterblichkeit um mehr als 40 Prozent in nur fünf Jahren.

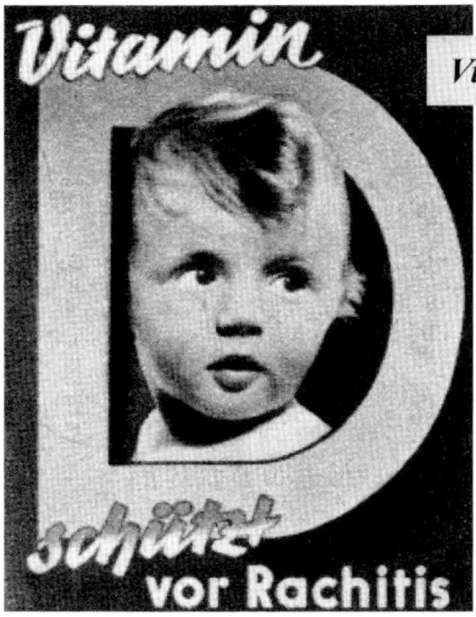

Vitamin D schützt vor Rachitis

Tägliches Essen in der Betriebskantine

Richard wuchs in einem Haushalt mit zehn Kindern auf. Die Wohnungsnot war groß, die Versorgungslage für zwölf hungrige Münder prekär. 1948 schrieb sein Vater einen Brief an den SED-Parteichef **Walter Ulbricht** und machte auf die unwürdigen Lebensverhältnisse in ihrer kalten Zweizimmerwohnung aufmerksam. Kurze Zeit später wies ihnen die Stadtverwaltung eine geräumige Erdgeschosswohnung in guter Wohnlage der Stadt zu. In einer benachbarten Villa wohnte sogar ein hoher Mitarbeiter der Landesregierung. Seine Frau hatte ein gutes Herz. Jedes Mal, wenn Richard dort auftauchte, bekam er ein halbes Brot oder ein paar Lebensmittel geschenkt.

Eine neuerliche Eingabe an **Wilhelm Pieck** verhalf Richards Familie 1949 zu einem täglichen Essen in der Betriebskantine der Reichsbahn. Jeden Mittag zogen die Kinder mit einem großen Napf los und holten sich dort eine **warme Mahlzeit** ab. Der lange Arm aus Berlin wurde von der Lokalpresse mit einem Artikel kommentiert: **„Zehn kleine Negerlein“**. Nicht minder wertvoll war die von Pieck veranlasste Grundausstattung der Familie mit Besteck, Töpfen, Tellern, Möbeln und Bettwäsche. Es war die zurückgelassene Habe eines Fabrikanten. Der war in den Westen geflüchtet, hier sagte man dazu „**abgehauen**“.

Richards große Familie erhielt auch von der Jungen Gemeinde Unterstützung. Die Mutter setzte daraufhin durch, dass sich der 1937 getaufte Sohn konfirmieren lässt. Zur Christenlehre hatte Richard eigentlich überhaupt keine Lust. Schließlich überzeugten ihn die gespendeten Kleidungsstücke, zumal er als ältester Bruder diese zuerst tragen durfte. Erst wenn er herausgewachsen war, bekam sie der jeweils jüngere Bruder.

Tanzlust

Männer waren Mangelware

Mit der Befreiung im Mai 1945 brach unter den Jugendlichen eine ungeahnte **Tanzlust** aus. Derartige Vergnügungen waren im Krieg nicht möglich gewesen, höchstens nach einer siegreichen Schlacht. Und das kam in den letzten Kriegsjahren nur noch selten vor. Zwei Probleme aber standen dem Vergnügen entgegen. Nein, Hinderungsgrund war weniger die Besatzungsmacht. Wenn die auftauchte, verdrückte sich Sophie zwar auf dem Klo. „Die konnten doch überhaupt nicht tanzen!" Allerdings galten die Russen als sehr freigiebig. Einige Mädchen ließen sich gern mal auf einen Eierlikör einladen, den sie selbst nie hätten bezahlen können.

Nach dem Krieg brach auch wieder die Lust am Tanzen aus

Doch zurück zu den Problemen. Männer waren in den Nachkriegsjahren Mangelware. Viele waren im Krieg geblieben oder befanden sich noch in **Gefangenschaft**. Ebenso traurig stand es um deren Fähigkeit, im Rhythmus des Tangos geschickt einen Fuß vor den anderen zu setzen. Die lebenslustige Sophie wusste das und veranstaltete in der elterlichen Wohnung **Tanzstunden** für Kriegsheimkehrer. Die Männer waren mit ihren 20 oder 22 Jahren noch völlig unbeleckt: **„Von Muttern in den Krieg ..."** war damals die Devise. So

stießen Sophies Angebote auf lebhaftes Interesse. Als Entgelt brachte der eine Herr ein **Kuchenpaket** mit, der nächste ein paar **Briketts**.
Doch auch den jungen Mädels fehlte vielfach die Erfahrung und Traute, sich dem Tanzpartner zur „Musike“ hinzugeben. Während des Krieges war das Thema Tanzstunde tabu gewesen, in der ersten Zeit danach hatten die Jugendlichen andere Sorgen als Walzer und Polka. Langsam liefen die Tanzkurse wieder an. Sie galten als Eintritt in die Gesellschaft – daher lernten sie hier auch die obligatorischen **Benimmregeln**. Kartoffeln dürften niemals mit dem Messer geschnitten werden und die Dame solle dem Herrn auf einer Treppe beim Herabsteigen immer den Vortritt lassen, damit er sie gegebenenfalls auffangen könne.
Die Sache hatte nur einen Haken: Lisas Tanzstundenzirkel bestand ausschließlich aus Damen. Das war eigentlich nicht ungewohnt, denn auch in der Schule waren Mädchen und Jungen getrennt gewesen. Zu ihrem Ärger wurde Lisa wegen ihrer Körpergröße vom Tanzschullehrer als „Herr“ eingestuft. Das bereitete ihr so einige Mühe der Eingewöhnung. Die Übung verschärfte sich, als vom Tanzlehrer der „Befehl“ kam, die Positionen zu tauschen.

Neues Kleid aus einer Brokatgardine

Doch eines Tages geschah es. Der Tanzschullehrer hatte aus einem anderen Zirkel „echte Herren“ zu Lisas Tanzstunde geladen. Die Aufregung unter den jungen Damen über den ungewohnten Umgang mit dem anderen Geschlecht war riesig. Lisa selbst fühlte sich bestens gewappnet und harrte in ihrem glanzvollen Kleid der Dinge. Mutter hatte das gute Stück aus einer Brokatgardine genäht. Die Vorlage dazu gaben aktuelle Schnittmusterbögen. Solcherart erwartungsfroh, fiel die Resonanz für Lisa umso vernichtender aus: Konrad, der angehimmelte Schwarm aller Damen, urteilte schlicht: „Ach, wisst ihr, richtig Spaß macht es mit euch nicht. Eigentlich könnten wir genauso gut mit einem Besenstiel tanzen!“ Die Herren kamen nicht wieder …

Das prachtvolle Tanzstundenkleid war aus einer Brokatgardine entstanden

FDJ engagiert Live-Kapellen

In Müllers Gasthof lud die FDJ derweil zum **Jugendtanz**. Der Eintritt kostete satte 2,05 Mark. Gespielt wurden Walzer, Tango, Polka, Marschmusik. Natürlich von Live-Kapellen! Tonkonserven waren damals überhaupt nicht denkbar. Bei einer Polizeikontrolle musste Lisa fünf Mark Strafe zahlen, weil sie noch nicht 18 Jahre alt war. Kaum aber waren die Polizisten weg, schlüpfte sie wieder hinein. Im Saal selbst wurde streng aufgepasst, dass nur „gesittet“ – also zusammen – getanzt wurde. Auf neumodisches amerikanisches Herumhüpfen auf der Tanzfläche à la **Boogie-Woogie** drohte der prompte Rausschmiss.

Von der Sprechstundenhilfe zur Apothekerin

Gleichberechtigung für Frauen noch kein Thema

Lisas Vater war Drogist. Die faszinierende Welt der Essenzen, die fremden Gerüche und geheimen Rezepturen fesselten das Mädchen von klein auf. Früh keimte so der Wunsch in ihr auf, den Beruf eines Apothekers zu erlernen. Das Schulende kam, doch die Berufsentwicklung war für das Mädchen schwierig. Wenige Jahre nach dem Krieg war die Gleichberechtigung noch kein Thema. Apotheker zu sein hieß, ein Mann zu sein. Letztere waren zwar noch vielfach in **Kriegsgefangenschaft**, doch bedeutete das keinen Vorteil für weibliche Bewerber. Es wurden nur männliche Bewerber für ein pharmazeutisches Praktikum zugelassen.

Ärztliche Untersuchung in der Schule

Statt in einer Apotheke landete das Mädchen als Sprechstundenhilfe bei einem Internisten. Seine Aufgabe bestand darin, die von der Besatzungsmacht angeordneten Röntgenuntersuchungen für sämtliche Einwohner der thüringischen Kleinstadt durchzuführen. Die medizinischen Bedingungen waren nach dem durchstandenen Krieg äußerst bescheiden. Das einzige Röntgengerät befand sich im örtlichen Krankenhaus. Der Herr Dr. Schubert nahm seine neue Sprechstundenhilfe an ihrem zweiten Arbeitstag gleich mit zur Röntgensprechstunde. Ihr Arbeitsplatz bestand aus einem wackelnden kleinen Tisch und einem Schemel. Da sie im selben Raum saß, wo auch das Röntgengerät stand, bekam sie zu ihrem leiblichen Schutz eine unförmige Bleischürze umgebunden. Die kleine Nachttischlampe vor ihr auf dem instabilen Tisch hatte ihrerseits einen Wackelkontakt. In den abgedunkelten Raum warf sie ein funzeliges Licht. Lisa gruselte sich. Die gespenstische Stimmung wurde noch dadurch verstärkt, dass die kleine Lampe nach drei Seiten mit einem Schirm abgedunkelt war.
Ungeachtet des Interesses für Chemie, fehlte Lisa jegliche medizinische Vorbildung. Doch das half ihr wenig, Dr. Schubert analysierte die Röntgenaufnahmen und die junge Sprechstundenhilfe musste mitschreiben. Da flogen ihr Begriffe wie Oesophagus-Passage oder Ulcus ventriculi et duodeni nur so um die Ohren. Das Licht flackerte, der Tisch wackelte, die Bleischürze hinderte … wie viele Bleistiftspitzen beim eiligen Schreiben abbrachen, hat sie nie gezählt.
Die ersten schwierigen Schritte in der Medizin taten der Faszination der Pharmazie für Lisa keinen Abbruch. Nach erfolglosen Bemühungen der Eltern sprach das Mädchen persönlich im Erfurter Gesundheitsministerium vor. Schließlich bekam Lisa 1950 einen Bescheid der Landesregierung mit der Auflage, ein Zeugnis ihrer politischen Tauglichkeit nachzureichen. Nun hatte sich das Mädchen in Vorbereitung auf ihren Beruf durchaus intensiv mit Chemie beschäftigt. Doch politische Fragen hatten sie noch nie interessiert. Ihr Vater hingegen hatte zwei Weltkriege, die Inflation und das „Tausendjährige Reich“ überstanden. Das machte ihn findig. Über einen Lisa gänzlich unbekannten Verwandten verschaffte er ihr das entsprechende Führungszeugnis.
Die Arbeit in einer Apotheke war damals weit mehr als purer Verkauf von Medikamenten. Pillen wurden nach Rezept auf eigens dazu vorhandenen Pillenbrettern hergestellt. Für Analzäpfchen gab es spezielle Zäpfchenformen. Vor dem Verkauf verpasste Lisa den homöopathischen Dilutionen von Hand kleine Papierhäubchen. Im Keller wurden allerlei Säuren und Desinfektionsmittel in großen Glasbehältnissen angerührt.
Die Nachkriegsjahre waren allgemein von Mangel und Improvisation geprägt. Doch eine Apotheke öffnete auch gewisse Quellen. Not machte erfinderisch, denn die Ernährungslage war prekär. Vor lauter Ersatzstoffen verdarben sich viele Menschen den Magen und den Körper. Bei Gastritis verordnete der Internist auf Privatrezept – Weißbrot! Peinlich wie unangenehm für die

Patienten war eine laufende Begleiterscheinung der Fehlernährung – die Furunkulose. Verkauft wurde in der Apotheke damals auch Toilettenseife, in der Nachkriegszeit eine echte Rarität! Und gelegentlich ein schönes Mitbringsel für Mutter Rosa und Vater Albert daheim.

Werbung für die Babynahrung „Babysan", eines der bekanntesten Markenprodukte der DDR

Lisa war immer hungrig und naschte Traubenzucker. Das mag zunächst völlig einleuchten, überraschend war allerdings die Form der Darreichung: Reinen Traubenzucker gab es natürlich nicht. Ausgerechnet Vaginaltabletten enthielten den Aufbaustoff! Im Keller fand sich aus Vorkriegszeiten ein Gefäß Tamarindenmus. Es schmeckte beinahe so lecker wie Pflaumenmus. Leider hatte es eine kräftige abführende Wirkung.

Viel Spaß hatte Lisa mit einem findigen Praktikanten in einer märkischen Kleinstadt. Dem Klaus war es doch nach Dienst im Labor gelungen, die Zusammensetzung eines Dauerwellenpräparates zu ergründen. Die örtlichen Friseure und vor allem die Damenwelt waren dankbare Abnehmer. Lisa fiel danach durch ihre besonders gepflegte Frisur auf.

Arbeiter zum Studium!

Die neue politische Ordnung

Gerhard war ein Arbeiterkind. Bevor sein Vater in den Krieg ziehen musste, hatte dieser in einer Textilfabrik gearbeitet. So war es keine Frage, dass auch der Sohn nach der achten Klasse eine Lehre antrat. Vaters Betrieb lag **in Trümmern**, daher bewarb sich Gerhard in einer Maschinenfabrik. Während des Krieges waren dort Granaten gefertigt worden. Die früheren Besitzer waren in die amerikanische Besatzungszone geflüchtet, die Fabrik wurde mit Hinweis auf die „**Kriegsgewinnler**" enteignet. Im Gegensatz zu vielen modernen Betrieben wurde die 1892 gegründete Maschinenfabrik nicht demontiert. Ihre Form als landeseigener Betrieb galt eigentlich als Übergang zum volkseigenen Betrieb. Dazu sollte es jedoch gar nicht kommen, denn nach zwei Jahren war die Fabrik pleite.

Viele moderne Betriebe wurden demontiert, andere produzierten als Reparationsleistung für die Sowjetunion

Die alte Maschinenfabrik zeichnete sich dadurch aus, dass die Bohr-, Fräs-, Dreh- und Hobelmaschinen in den vier Fabrikhallen über eine einzige Dampfmaschine angetrieben wurden. Der Kraftübertrag von den Transmissionswellen erfolgte über zwanzig Zentimeter breite lederne Treibriemen. Frühmorgens musste der Heizer den Dampfkessel anheizen, damit die Arbeit um punkt sieben Uhr starten konnte. Gerhard wurde gleich am ersten Tag einem Altgesellen zugeteilt. Die beiden mussten einen alten Schmiedehammer auseinandernehmen und reinigen. Mehr als fünfzig Jahre Öl und Dreck klebten an dem Gerät. Mit Feuereifer legte sich der frischgebackene **Lehrling** ins Zeug und marschierte abends – über und über beschmiert, aber stolz wie ein Gockel – nach Hause. Als die Sirene zum Feierabend blies, bemerkte er verwundert die Leere der Hallen. Da war doch eben noch emsiges Treiben gewesen? Bald schon begriff Gerhard, dass die Arbeiter und Meister den Arbeitsschluss gewaschen und angezogen am Tor der Schlosserei erwarteten und den Betrieb auf die Sekunde und beinahe im Dauerlauf verließen.
Der eingesetzte Werkleiter war bewährter Kommunist aus der Zeit vor 1933. Wirtschaftliche Kenntnisse fehlten ihm weit gehend, dafür war er bemüht, die **neue politische Ordnung** durchzusetzen. Sein besonderes Engagement galt der Massenorganisation **„Deutsch-Sowjetische Freundschaft“**. Gerhard musste sich mehreren Gesprächen beim Direktor unterziehen, bis schließlich der alte Sozialdemokrat Tetzner auf den Werkleiter zuging und meinte, er möge doch die Lehrlinge in Ruhe lassen. Gemeint war Gerhard.
Die **Besatzungsmacht** hatte die Maschinenfabrik als wichtig eingestuft und ließ den Mitarbeitern eine Zusatzversorgung zukommen. Das Essen wurde immer für die gesamte Belegschaft angeliefert, auch wenn die Kollegen krank waren. Die Küchenfrau hatte Gerhard ins Herz geschlossen. Das war gut so, denn Kohldampf trieb ihn damals immer! Gerhard hobelte gerade gusseiserne Exzenterhälften glatt, als sie ihn in die Küche holte. Drei Kollegen waren krank und er konnte ihre Portionen Erbsensuppe vertilgen!

Aus der Schlosserei in die Schule

Im Berufswettbewerb stand Gerhard als einer der zwei Besten vor der Prüfungskommission. Als Arbeiterkind bekam er einen Bonus und wurde Sieger. Die neue Partei wollte solche wie ihn fördern. Da Gerhard der Umgang mit Menschen leicht fiel, folgte er einem Angebot zur Ausbildung als Sportlehrer in Chemnitz-Hilbersdorf. Der Lehrgang dauerte ganze sechs Monate, dann konnte er die Jungenklasse einer Grundschule übernehmen. Als zweites Fach lehrte er Heimatkunde.

Klassenfahrt mit der Eisenbahn

Großen Wert legte der junge Lehrer auf die außerunterrichtliche Tätigkeit: **Wandertage**, **Sport** oder **Chorleben**. So organisierte Gerhard zahlreiche Exkursionen, wobei von ihm großes Organisationstalent erwartet wurde. Das Schulamt zahlte immerhin das „Wandergeld", das für Essen und Fahrscheine ausreichte. Der Aufenthalt in den zahlreichen **Betriebsferienlagern** und in einem der 48 **Pionierlager** während der Sommerferien blieb den Kindern lange in Erinnerung. Das begann schon mit einer aufregenden Eisenbahnfahrt, nachdem die Fahrtbeschränkungen der unmittelbaren Nachkriegsjahre gefallen waren. Der Aufenthalt kostete im **Kinderferienlager** für drei Wochen – je nach der Zahl der Kinder einer Familie – insgesamt zwischen 4 und 15 Mark. Später sank der Beitrag auf sage und schreibe eine Mark. Darin enthalten waren die Anreise, die Übernachtung, die Verpflegung und selbst die Ausgaben für das Schwimmbad oder das Kino.

Abendliches Singen am Lagerfeuer im Pionierlager

Das Leben im Pionierlager verlief nach einem vorgegebenen Schema. Beim morgendlichen **Fahnenappell** wurde nach einem gemeinsamen Lied das Programm des Tages verkündet. Anschließend unternahmen die Gruppen mit ihrem Lehrer Wanderungen zum nächsten Badeteich, besichtigen Fabriken, führten Schnitzeljagden oder Orientierungsläufe mit Karte durch. Abends holten die Jungen Äste und Gestrüpp zusammen und schichteten einen Haufen. Am Lagerfeuer packte Gerhard die Gitarre aus: **Arbeiter- und Heimatlieder** wechselten sich ab mit den **Schlagern** ihrer Zeit. In einem großen Topf über

Fahnenappell der FDJ

dem offenen Feuer bereitete eine mitreisende Mutter eine leckere Suppe zu. Gespenstische Figuren malte der Mond durch die Kiefern auf den Waldboden. Es dauerte schließlich eine Weile, bis Gerhards Jungen und Mädels in ihren Blockhütten im Wald schließlich zur Ruhe kamen und ihren Schlaf fanden.

Deutschlandtreffen Berlin 1950

Unter der Losung **„Für Einheit, Frieden, nationale Unabhängigkeit und ein besseres Leben!“** fand im Mai 1950 in Berlin das von der SED initiierte erste Deutschlandtreffen statt. Es zählte etwa 700 000 Gäste aus allen Teilen des Landes. Sie forderten den Abzug der Besatzungstruppen und einen Friedensvertrag für Deutschland. Organisiert worden war das erste Deutschlandtreffen von FDJ-Mitgliedern aus der DDR und der Bundesrepublik. Im Westen war die Freie Deutsche Jugend zu diesem Zeitpunkt noch nicht verboten.

Tiefer Wunsch nach Frieden

Nirgends tobte der Kalte Krieg heftiger als in der geteilten Stadt. Ernst Reuter, der Regierende Bürgermeister im Westteil Berlins, brandmarkte das Treffen als einen von der sowjetischen Besatzungsmacht angezettelten Marsch auf Berlin. Natürlich hatte die SED eine deutsche Einheit sozialistischer Prägung vor Augen. Der RIAS wetterte daher aus vollen Rohren. Das hinderte etwa 25 000 Westberliner nicht daran, an dem Deutschlandtreffen teilzunehmen. Die Jugendlichen einte der tiefe Wunsch nach Frieden. Einhellig wurde die Eingliederung der Bundesrepublik in das westliche Militärbündnis abgelehnt. Auf ebensolchen Widerstand stieß bei den Jugendlichen die vorbehaltlose Integration früherer Nazigrößen aus Politik, Justiz und Wirtschaft in die Strukturen der BRD.

Schon im Vorfeld waren FDJ-Veranstaltungen im Westteil Berlins mit äußerster Härte verfolgt worden. Auch die Anreise zum **Deutschlandtreffen** gestaltete sich wenige Jahre nach dem Krieg kompliziert. Güterwagen dienten als Transportmittel, auf deren Boden wurde Stroh für die Personen ausgestreut. Eine echte Herausforderung stellte die Unterbringung hunderttausender Teilnehmer in der von Zerstörungen gezeichneten Stadt dar. Die Jugendlichen schliefen in Privatquartieren gastfreundlicher (Ost-) Berliner, in Massenquartieren in den Schulen, in Bahnwaggons oder in einer **Zeltstadt in der Wuhlheide**. Bei der Rückreise hatten Tausende Westdeutsche wegen angeblicher Seuchengefahr tagelange **Repressalien** an der Grenze zu erleiden.

Das Walter-Ulbricht-Stadion war unmittelbar vor dem Deutschlandtreffen eingeweiht worden. Hier hielt Parteichef Walter Ulbricht am 27. Mai seine Eröffnungsrede. Aus Furcht vor Anschlägen – die Grenze zum westlichen Stadtteil lag wenige hundert Meter entfernt – wurde der Sportlehrer Gerhard zur Bewachung des Stadions eingeteilt. 70 000 Jugendliche verfolgten hier die anschließenden Sportwettkämpfe. In der in halbjähriger Bauzeit entstandenen **Werner-Seelenbinder-Halle** eröffnete Stephan Hermlin gleichzeitig zum Deutschlandtreffen den **„Kongress junger Friedenskämpfer“**.

Deutschlandtreffen im Walter-Ulbricht-Stadion

Der Song **„Auf den Straßen, auf den Bahnen seht ihr Deutschlands Jugend zieh'n, hoch hinauf fliegen Fahnen, blaue Fahnen nach Berlin"** war in aller Munde. Der Text stammte von Johannes R. Becher, dem späteren Verfasser der DDR-Nationalhymne, Hanns Eisler hatte ihn vertont. Auf den zentralen Plätzen Ostberlins standen Bühnen, wurden Konzerte und Theaterstücke gegeben. Die allgemeine Begeisterung war groß, obwohl das Wetter eher auf „Seiten des Klassenfeindes" stand. Die **Kasernierte Volkspolizei** rückte mit Gulaschkanonen an, dazu gab es auch leckere **Knacker** und frische Brötchen. **Ohne Marken**, was damals durchaus nicht selbstverständlich war! Das **Deutschlandtreffen** sorgte gar für einen **kleinen Babyboom** in der DDR.
In besonderer Erinnerung blieb Gerhard ein Spielmannszug aus dem Ruhrgebiet. Der Westen hatte nach der 48er Währungsreform eine kräftige Wirtschaftsentwicklung genommen und lockte schon mit Bananen, Orangen oder Schuhen. Für Gerhard war das damals kein Problem. Er glaubte sicher, dass die wirtschaftliche Besserung bald auch im Osten einsetzen würde.

Schrott für das Eisenhüttenkombinat

Wie einst sein Lehrer im Dritten Reich, propagierte nun auch Gerhard an seiner Schule das Sammeln von **Altstoffen**. Flaschen, Papier und vor allem Schrott waren im Ersten **Fünfjahrplan** gefragt. Motto des Jahres 1951 war der Bau des ersten Hochofens in Fürstenberg an der Oder. Regelmäßig legte sich Gerhard mit dem Hausmeister an. Der wusste schon, wenn der Lehrer auf ihn zukam, suchte er weitere Ablageflächen für den gesammelten Schrott auf dem Schulgelände. Das passte dem Hausmeister verständlicherweise gar nicht. Allerdings standen die Eltern und Schüler hinter Gerhard. So türmte sich der Schrott alsbald bergeweise hinter der Schule. Es konnte dauern, bis die LKWs kamen, um den Schrott abzuholen und zum Schrottplatz am Vorwerk zu bringen.

„Junge Pioniere sind einander Freund", so war es jedenfalls von Staats wegen gewünscht

Gegen „kleinbürgerliches Gedankengut"

Als 1955 erstmals eine **Wanderfahne** für das beste **Schulkollektiv** in der Schrottsammlung verliehen wurde, ging diese zum nicht geringen Stolz Gerhards an seine Schule. Leider währte die Freude nicht lange. Im Folgejahr musste sie an die Nachbarschule abgegeben werden. Ob daran wohl der Eigensinn der Lehrerschaft schuld war? Schließlich wandten sich Gerhard und seine Kollegen dagegen, dass der Unterricht zu bestimmten „besonderen" Anlässen – ob nun die **Geburtstage Stalins**, der **Pionierorganisation** oder die Jahrestage der **Oktoberrevolution** – auf Drängen der Schulbehörde aktuell unterbrochen werden musste. Für die Lehrer ging der Lehrplan vor! Auch die zentralen Vorgaben für **Pioniernachmittage** missfielen ihnen. Eines Tages tauchte der Kreisparteichef in der Schule auf, um das seiner Meinung nach kleinbürgerliche Gedankengut aus den Köpfen der Lehrer zu vertreiben.
Die Schönheit der Schule war dem Lehrerkollektiv wie den Eltern damals wichtig. Völlig vergammelte Toiletten oder Klassenzimmer gab es damals nicht. Im Juli und August, den großen Ferien, griffen Eltern und Lehrer im Rahmen des **Nationalen Aufbauwerkes** (NAW) zum Pinsel und renovierten eifrig. Auch die Verbesserung der Lehrmittel lag ihnen am Herzen. So zimmerten die Eltern einen Sandkasten, in dem Gerhard als Heimatkundelehrer die Entstehung des Elbtales erklären konnte.

Sommerfest an der Schule – die Erlöse wurden für die Renovierung der Schulräume verwendet

Kinder von Pfarrern und Ärzten ... Gerhard mühte sich, die Schüler unabhängig von ihrer Herkunft oder etwaiger nationalsozialistischer Verquickungen ihrer Sippe im Dritten Reich zu fördern. Der Lehrer war inzwischen zum Mitglied der Sozialistischen Einheitspartei Deutschlands geworden. Ungerechtigkeit hasste er. Allerdings legte die neue Ordnung Kindern von Pfarrern oder Ärzten so manchen Stein in den Weg. Eines Tages kam vom Kreisschulrat die Anweisung, dem **Pfarrerssohn** in Gerhards Klasse aus kaderpolitischen Gründen den Weg zum Abitur zu blockieren. Der Pädagoge besprach sich mit seinem Direktor, doch der zauderte. Schließlich schrieb Gerhard einen geharnischten Brief an die Parteileitung und lobte die Lernbegeisterung und das gesellschaftliche Engagement des Jungen. Schließlich hatte der mancherlei Gerümpel aus dem Pfarrhof geholt und zur Schrottsammlung in die Schule

Kinderferienlager Soja Kosmodemjanskaja in Stolberg

gebracht. Es kam zu einer Aussprache des Lehrers beim Kreisschulrat und es wurde dabei sehr laut. Doch schließlich konnte der **Pfarrersjunge** auf eine **Oberschule** gehen.

Plätze für Ferienheime waren begehrt

Fehlte ein Kind unentschuldigt, machte sich der Lehrer abends auf den Weg zu den Eltern und erkundigte sich nach dem Verbleib. Er wollte den Leistungswillen und die Leistungsbereitschaft anregen. Die Schüler lagen untereinander oder zwischen den Klassen im Wettstreit: Welches **Kollektiv** hat die wenigsten Sitzenbleiber, den besten Klassendurchschnitt oder den meisten Schrott gesammelt ... Gleichzeitig wollte der Lehrer die ideologischen Barrieren der braunen Vergangenheit gegenüber der Sowjetunion abbauen.
Das Lebensniveau verbesserte sich schrittweise. Die Betriebe richteten **Ferienheime** in schönen Gegenden des Landes ein – von der Ostsee bis zum Harz und in der Sächsischen Schweiz. Nicht jedes Jahr war einer der begehrten Plätze zu ergattern. Doch da gab es schließlich noch die Verwandten in Thüringen oder Berlin zu besuchen.

AWZ P 70 aus Zwickau und Kaugummibilder

Eines schönen Tages, man schrieb das Jahr 1955, hörte Gerhard vor dem Haus ein neuartiges, tuckerndes Geräusch. Er trat ans Fenster und traute seinen Augen nicht: Sein Nachbar, Meister Schröder, führte seinen nagelneuen Pkw vor: den AWZ P 70 aus Zwickau. Der Zweitakter hatte eine völlig neuartige **Duroplastkarosse**, die, so Schröder, niemals rosten würde! Stolz wie ein Gockel fuhr die Familie mit dem 22 PS starken Gefährt in den Urlaub.

Ein Hingucker – der neue P 70

Und dennoch: Der Westen entwickelte sich offensichtlich schneller. Gern zeigten Schüler in der Schule Kugelschreiber, Druckbleistifte und später Filzstifte vor. Unter den Bänken wurden heimlich **Kaugummibilder** getauscht. Noch aber war der Abstand zwischen den beiden deutschen Staaten weit geringer als später …

Ihr Kind ist begabt!

Der Nachwuchs von Arbeitern und Bauern wurde von der SED bewusst gefördert. Ein Kind schien begabt, ohne dass es zu Hause entsprechend gefördert wurde? Wieder einmal machte Gerhard einen Hausbesuch. Dem Familienvater, einem Arbeiter in der Weberei, wollte das überhaupt nicht in den Schädel gehen. Ausgerechnet ein Kind seiner Familie, die doch seit Generationen ihr Brot durch anständige Arbeit verdiente, sollte das **Abitur** machen und an eine **Universität** gehen? Waren doch im Hause viele kleine Münder zu stopfen! Mit 14 Jahren hatte der Nachwuchs gefälligst sein **Lehrlingsgeld** auf den Tisch zu legen.
Bereits 1946 wurden an den Universitäten in der sowjetischen Besatzungszone so genannte Vorstudienanstalten gegründet. Hier sollte jungen Menschen, denen aufgrund von Kriegseinwirkungen, Flucht, politischer Verfolgung oder sozialer Herkunft die reguläre Oberschule verwehrt war, das Erreichen des Abiturs ermöglicht werden. Sie sollten später eine sozialistische Intelligenz bilden, im Unterschied zur meist belasteten oder in die Westzonen geflohenen alten Elite. Das Studium umfasste drei Jahre bis zur Erlangung der Hochschulreife. Die Vorstudienanstalten wurden 1949 in Arbeiter- und Bauern-Fakultäten (ABF) überführt. Der Greifswalder Absolvent und spätere Schriftsteller **Herrmann Kant** hat diesen Einrichtungen mit seinem Buch **„Die Aula“** ein Denkmal gesetzt.

Ingenieurstudenten wollten forschen und nicht philosophieren ...

Unruhe bei den Naturwissenschaftlern

1952 setzte die SED an den Hochschulen und Universitäten **Philosophie als Prüfungsfach** für alle, also auch für die Naturwissenschaftler, durch. Die Erregung in den Studenten-WGs oder Wohnheimen war gewaltig. Abendelang führten Dietrich und seine Kommilitonen heftige Diskussionen. In die aufgeheizte Stimmung zu vorgerückter Stunde platzte Konrad mit einem absurden Vorschlag hinein. Er war der älteste unter den Ingenieurstudenten des Jahrgangs und hatte einige Kriegsjahre an der Front auf dem Buckel. Für Konrad war **Marxismus** kein Weltuntergang. Er hatte anderes erlebt. **„Wir verpflichten uns als FDJ-Gruppe, die Philosophieprüfung vorfristig und alle mit einer Eins oder einer Zwei zu bestehen!"**

Fassungslos starrten ihn seine Kommilitonen an. Hatte Konrad plötzlich den Verstand verloren? Der grinste seine Mitstudenten breit an. „Wer würde uns

Die Studenten besuchten lieber die Mathe- als die Philosophievorlesungen

nach einer solchen Verpflichtung durchfallen lassen?“ Dietrich war verblüfft. Tatsächlich hing am nächsten Morgen ein roter Zettel im Schaukasten der Freien Deutschen Jugend. Der FDJ-Sekretär stimmte anschließend 50 Fragen mit dem Prüfer, Professor Ley, ab, die am Wochenende eifrig gepaukt wurden. Schließlich hatte zuvor kaum jemand von ihnen die Philosophie-Vorlesungen oder Seminare besucht.

Der Tag der Prüfung rückte heran. Das Spiel klappte hervorragend, die Gruppe bestand Philosophie geschlossen mit „gut“ oder „sehr gut“. Andere Studenten beschimpften die Gruppe derweil als „Rot“ oder schlimmer. Dietrich konnte sich damit arrangieren. Er hatte mit geringem Aufwand eine wichtige Note für sein Abschlusszeugnis ergattert. Nicht wenige der anderen Studenten des ersten Prüfungsjahrgangs Philosophie rauschten bei ihrem Versuch glatt durch …

Westpakete

Von einer entfernten Tante im Westen bekam Dietrichs Familie jährlich ein **Weihnachtspaket**. Die Geschenke wurden nicht von der Verwandten selbst gepackt, sondern eine Westberliner Firma wurde beauftragt. Tante bezahlte dafür und konnte die Kosten von der Steuer absetzen. In der Folge waren die Gefühle beim Empfang der Pakete bei Dietrichs Eltern eher zwiespältig. Obligatorischer Inhalt waren **Kaffee**, **Strumpfhosen** beliebiger Größe, die seiner

Pakete nach Ost und West – Ladengeschäft in Westberlin

Mutter nicht passten, **Margarine** und **Niveacreme**. Natürlich revanchierten sich Dietrichs Eltern. Monatelang hielten sie Ausschau nach **erzgebirgischen Schnitzereien**, schickten **Schallplatten**, dazu **Dresdner Christstollen** oder **Baumkuchen**. Liebevoll eingepackt traten die Geschenke, zusammen mit einem von Dietrich gemalten Bild, Ende November ihre Reise gen Westen an.

Anders verhielt es sich mit Traudels Westpaketen aus Essen. Deren Elternhaus war 1943 im Ruhrgebiet ausgebombt worden. Auf diese Weise kam Traudel nach Sachsen und ging mit Dietrichs Mutter eineinhalb Jahre in die gleiche Schulklasse. Trotz widrigster Umstände des Kennenlernens hielt ihre Freundschaft ein Leben lang: Zu den Geburtstagen kamen lange Briefe. So festigte sich der Kontakt und die beiden Seiten verfolgten den Lebensweg der anderen. Mit viel Liebe packte Traudel in der Adventszeit ein Päckchen „für drüben". Ohne es je zu sehen, wusste sie wohl, dass die Süßigkeiten bei Dietrich und seinen Geschwistern, die Stollenzutaten bei der Mutter und die bittere Schokolade beim Vater Begeisterungsstürme auslösen würden.

Eine Frau an der Kurbel ...

Frauen ließen sich nicht mehr zurückdrängen

Am 1. Oktober 1950 trat in der DDR das Gesetz über den **Mutter- und Kinderschutz** und die Rechte der Frau in Kraft. Bereits der Krieg hatte zwangsläufig zu einer Emanzipation der deutschen Frauen geführt. Die Familienväter kämpften in der Mehrzahl an der Front. So mussten die Mütter in Familie und Produktion gleichzeitig „ihren Mann" stehen. Kein Wunder, dass die schrittweise Rückkehr der Soldaten aus der Kriegsgefangenschaft ab Sommer 1945 mancherlei Zerwürfnisse bis hin zu Scheidungen zur Folge hatte.

Die SED förderte die Emanzipation der Frauen in der Gesellschaft, wozu auch ihre Berufstätigkeit gehörte. Ganz in diesem Sinne erfolgte im ersten Fünfjahrplan die Schaffung von 200 000 neuen Plätzen in **Kindertagesstätten** in der DDR. Die Politik der Adenauerregierung in der Bundesrepublik und Westberlin verfolgte andere Ziele: Eisern verfocht der damalige CDU-Familienminister Franz-Josef Wuermeling die Rückkehr der bundesdeutschen Frauen an den Herd. Die klassischen Vorstellungen vom züchtig ehelichen Sex, von Häuslichkeit und weiblicher Anpassung an den Mann als Familienoberhaupt galten als Heilmittel gegen die Lasterhaftigkeit der unmittelbaren Nachkriegsära. Begehren oder Triebe wurden als schmutzig angesehen und standen nach damaliger Auffassung einer Stärkung der Familie entgegen.

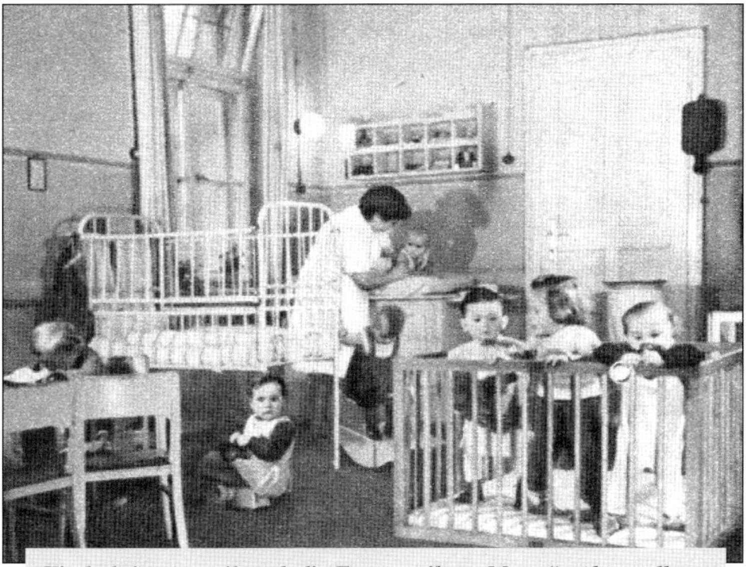

Kinderkrippen, weil auch die Frauen „ihren Mann“ stehen sollten

Frauenförderung im Osten – zur Förderung der Berufstätigkeit wurden Kindertagesstätten geschaffen

Die unterschiedliche Entwicklung in Ost und West sorgte gerade im geteilten Berlin für mancherlei Auseinandersetzung. Erikas Mutter hatte schon 1940 wegen des kriegsbedingten Mangels an männlichem Personal eine Arbeit als Schaffnerin der Berliner Verkehrsbetriebe (BVG) aufgenommen. Zwei Jahre später qualifizierte sie sich zur Straßenbahnfahrerin. Die stehende Tätigkeit auf der ungeheizten Fahrerplattform war sehr anstrengend. Trotzdem oder vielleicht gerade deshalb war Erika mächtig stolz auf ihre Mutter. Kein Wunder also, dass sie 1948 eine Lehre bei der BVG aufnahm und so in die Fußstapfen ihrer Mutter trat.

Brot und Kartoffeln günstig aus dem Ostsektor

Mittlerweile waren die ärgsten Kriegsschäden im Gleisbereich und an den Straßenbahnen selbst beseitigt. Doch neben **Versorgungsschwierigkeiten** bei Fahrstrom und Ersatzteilen beeinflussten zunehmende Streitigkeiten zwischen den Besatzungsmächten den Fahrbetrieb der Straßenbahn in Berlin. Der Intersektorenverkehr von Ostberlin nach Westberlin wurde mehrfach unterbrochen und laufend reduziert.
Im September 1949 bildete sich für den sowjetischen Sektor eine eigene BVG-Direktion heraus. Im Herbst 1950 verkehrten im riesigen Berlin nur noch zehn durchgehende Straßenbahnlinien. An der Sektorengrenze mussten fortan die Schaffner wechseln, weil nun auf jeder Seite in einer lokalen Währung kassiert werden musste. So mancher Westberliner lief dazu ein Stück in den Osten zurück, um dort das für ihn erheblich günstigere Ostgeld nutzen zu können. Zudem kam er damit in den Genuss des niedrigeren Tarifs für den Fahrschein. Nebenbei bezog so mancher auf diese Weise **Brot** und **Kartoffeln** billig aus dem Sowjetsektor.

Straßenbahnführerin hatte keine Durchfahrt in den Westen

Nach mehrjähriger Ausbildung hatte sich Erika zur Straßenbahnführerin qualifiziert. Selbstbewusst stand sie an der Kurbel: fünfzehn Jahre zuvor wäre nur ein Mann an dieser Position denkbar gewesen. Doch Gewerkschaft, FDJ und SED wirbelten mächtig zugunsten der neuen Rolle der Frau in der Gesellschaft. Es war der Vormittag des 15. Januar 1953. Erika war auf einer Bahn der Linie 74 von Weißensee nach Lichterfelde eingesetzt. Die Linie wurde von Ost- und West-BVG mit gemischtem Personal und Wagenpark betrieben. Erika fuhr die Leipziger hinunter zum Potsdamer Platz. Auf dem auch sonst schon verkehrsreichen Platz bemerkte die junge Fahrerin Trubel in Höhe der Zonengrenze.
„Was mag da wohl schon wieder sein?“, grübelte sie. Mehrere Bahnen standen vor ihr und blockierten das Fortkommen. Es war in jenen Jahren natürlich kein Einzelfall, dass eine Straßenbahn stecken blieb. Der Wagenpark war veraltet und die Wartung dürftig. Schließlich erreichte Erika die Sektorengrenze. Hier wurde ihr die Einfahrt in den Westsektor mit der Begründung verweigert,

dass sie eine Frau sei. Das sei nach den neuen (West-)Berliner Vorschriften nicht statthaft. Umgekehrt wurden am Potsdamer Platz keine Bahnen in den Osten durchgeschickt, als Ausgleich für die fehlenden Züge aus dem Ostsektor. Erika fühlte sich in ihrer Ehre als Frau gekränkt und wetterte heftig. Als Berliner Pflanze war sie nun mal kein Kind von Traurigkeit.
Der 15. Januar 1953 ging in die Berliner Geschichte als „Straßenbahn-Spaltung“ ein. Vom kommenden Tag an endete die Linie 74 am Leipziger Platz. Dort stiegen die Fahrgäste aus und liefen zum Potsdamer Platz vor, wo sie in die von der West-BVG gefahrene Linie 74 einsteigen konnten. Der einmal gelöste Fahrschein behielt seine Gültigkeit. Der Tag besiegelte das Schicksal der sieben noch bestehenden durchgehenden Straßenbahnlinien im Intersektorenverkehr Berlins. Natürlich ahnte Erika, dass der konzentrierte Einsatz des weiblichen Fahrpersonals durch die Ost-BVG an jenem Januartag durchaus auch als Provokation für den Westen gedacht war …

Wir selbst müssen zu Spezialisten,
zu Meistern unserer Sache werden.
Wir müssen uns dem technischen Wissen zuwenden,
diesen Weg wies uns das praktische Leben.
Es ist Zeit, es ist längst Zeit,
daß wir uns der Technik zuwenden.
Es ist Zeit, daß wir die alte Losung,
die überholte Losung von der Nichteinmischung
in die Technik über Bord werfen
Und daß wir selbst Spezialisten, Sachkundige,
selbst vollauf Meister unserer Sache werden.

J. W. Stalin

Stalins schwer verständliche Propaganda

Angesichts der ständig überfüllten Straßenbahnen stieß eine Regelung vom März 1953 im Osten Berlins auf wenig Gegenliebe: Inhaber eines Schwangerenausweises hatten fortan per Gesetz das Anrecht auf einen Sitzplatz. Da gehörte seitens der Unternehmensführung der BVG und der Partei eine Menge Überzeugungsarbeit hinzu, die Schaffner wie Fahrgäste davon zu überzeugen, dass Männer oder Ältere für die „jungschen Weiber" aufzustehen hatten!

Die erste sozialistische Stadt Deutschlands: Stalinstadt

... und Katharinas Laufmaschen

Katharina war von der Überlegenheit des Sozialismus überzeugt. Dessen Kinderkrankheiten sind von vorübergehender Natur, glaubte sie. Zu Hause nervten sie das engstirnige Denken ihrer Eltern, an ihrer Schule der Zwang zu **Pionierhalstüchern**, **FDJ-Hemden** und in der Freizeit die Punkte für die Teilnahme an Versammlungen und Kundgebungen. Das hatte ihrer Meinung nach nichts mit der neuen und freien Gesellschaft zu tun.

> Unsere „Helden der Arbeit", unsere Aktivisten an der Spitze aller schaffenden Menschen, stellen jene Millionen dar, die in unserer Republik begonnen haben, selbständig Geschichte zu machen, die begonnen haben, die großen Potenzen zur Entfaltung zu bringen, die nach den Worten Stalins unser deutsches Volk befähigen, in fester Freundschaft mit den sowjetischen Völkern große Aktionen von Weltbedeutung zu vollbringen.
>
> ***Wilhelm Pieck***

Die deutsche Nachkriegsordnung der Alliierten hatte die wirtschaftlichen Potenziale regional sehr ungleich verteilt. In der sowjetischen Besatzungszone und späteren DDR bestand wohl in Sachsen und Thüringen eine ausgeprägte Tradition der verarbeitenden Industrie. Anders sah es mit Stahl und Steinkohle aus, die man damals als Basis einer entwickelten Wirtschaft ansah. Die Grundstoffindustrie konzentrierte sich im Vorkriegsdeutschland im Ruhrgebiet, an der Saar und im inzwischen polnischen Oberschlesien.
Inzwischen war der **Kalte Krieg** voll entbrannt. Parteichef Ulbricht brachte es in Rage, dass neuralgische Projekte des Wiederaufbaus nicht fristgerecht realisiert wurden. So wurde die Lieferung von Metallträgern für Eisenbahnbrücken oder von Straßenbahnschienen aus dem Ruhrgebiet trotz verbindlicher Verträge vom Westen ausgesetzt. Der Arbeiter- und Bauernstaat sollte unabhängig werden. Der III. Parteitag der SED hatte im Juli 1950 den Beschluss zum Bau des Eisenhüttenkombinates Ost und der ersten sozialistischen Stadt

auf deutschem Boden nahe Fürstenberg gefasst. Als im September 1951 der erste von sechs Hochöfen an der Oder den Betrieb aufnahm, blickte Katharina begeistert nach Brandenburg, das sie bisher allein als märkische Streusandbüchse wahrgenommen hatte.

Die Namensgebung der Stalinstadt im Mai 1953

Nach dem Tod des sowjetischen Staatschefs erfolgte am 7. Mai 1953 die feierliche Benennung des neu entstehenden Wohnstandortes in Stalinstadt. Zum Jahresende zählte die Zeitung „**Junge Welt**" schon 2400 Einwohner. Katharina wollte an der Seite der Erbauer „ihren Mann" stehen. Dort würden die Uhren anders ticken. Eine Architektin der neuen Gesellschaft wollte die frischgebackene Abiturientin werden. Und sie wollte es richtig machen, wollte den Bauberuf von der Pike auf erlernen …
Etwas ernüchtert war Katharina schon, als sie an einem Septembertag mit dem Zug in Stalinstadt ankam. Dürre märkische Kiefern standen im bizarren Kontrast zu den dampfenden Stahlschloten und den reich verzierten neuen Wohnblöcken. Untergebracht wurde Katharina am Stadtrand in einer **Baracke**. Mit ihr wohnten hier 300 Lehrlinge.
Katharina war in doppelter Hinsicht ein buntes Huhn: unter den Lehrlingen mit Berufsziel Betonbau, Zimmermann und Maurer gab es ganze drei Mädchen. So bezog Katharina ein Einzelzimmer. Die Lehrzeit für den Bauberuf betrug im Normalfall – und das war der Abschluss der achten Klasse – drei Jahre. Wer die zehnte Klasse erfolgreich bewältigt hatte, und das waren hier

nur wenige, musste nur zwei Jahre zur Lehre gehen. Für Katharina als einziger Abiturientin verkürzte sich die Lehrzeit gar auf eineinhalb Jahre.
Eine Woche im Monat hatten sie theoretische Ausbildung in der Berufsschule in Frankfurt/Oder. Dort traf Katharina auf andere Lehrlinge im Bauwesen, die wie sie das Abitur hatten. Sie hatten natürlich keinerlei Probleme mit dem Lehrstoff und stellten ihre Überlegenheit gern mit einigen locker dahergebrachten lateinischen Sprüchen unter Beweis.
Schwieriger war die Praxis: Zum Beruf eines Betonbauers gehörte das Eisenbiegen. Im Winter froren hier Katharina fast die Finger ab. Doch sie war stolz auf ihre Arbeit. Während sich im Westen im Zuge der Moderne die Industrialisierung des Bauwesens durchsetzte, feierte hier letztmals in Deutschland handwerkliches Bauen Triumphe. Stukkateure schmückten die Fassaden nach Schinkels Vorbild mit Lisenen, Gesimsen und Säulen. Einwohner und Gäste besichtigten begeistert eine Musterwohnung, bei der sogar Möbel aus der **volkseigenen Industrie** präsentiert wurden.

Das Leben verbesserte sich – Wochenendausflug mit der Jawa

Als Frau erkämpfte sich Katharina die Achtung ihrer Kollegen. Im Speisesaal aber frotzzelten die Kerle: Bei den schlichten Holztischen und -stühlen konnte es schnell passieren, dass sie sich eine Laufmasche in den Strümpfen zog. Die Männer bemerkten schnell, wie peinlich ihr das war. So gestaltete sich Katharinas Weg zu Essenausgabe als Spießrutenlauf, egal, ob ihre Strümpfe nun heil waren oder tatsächlich eine Masche gezogen war.

Tanz im Keller

Das Leben war bunt und offen. In Fürstenberg, dem kleinen alten Stadtkern neben der neuen Stalinstadt, gab es einen **Klub**, wo die jungen Lehrlinge und Arbeiter sonnabends tanzten und sich amüsierten: Der „**Tittenkeller**". Spätabends kehrten die Jugendlichen dann reichlich betrunken ins Wohnheim zurück. Katharina war sich der Bedeutung jenes Wortes nicht bewusst und ließ sich von Kollegen aus dem Wohnheim zum gemeinsamen Abend überreden. Langsam dämmerte ihr der Wortsinn des „Tittenkellers". Natürlich gab es damals einen dramatischen Mangel an Mädchen in der neuen Stadt. Das war für die Jungs ein echtes Problem. Nicht alle der umworbenen Frauen konnten oder wollten dem widerstehen. Katharina schon. Die Vorstellungen der Abiturientin waren hier durchaus ihren alten kleinbürgerlichen Schemen verhaftet. So bauten Katharina und ihre Kollegen **Wohnblöcke für die sozialistische Stadt**. Hier fassten die neuen Bürger aus allen Teilen der Republik Fuß. Unter ihnen waren besonders viele Flüchtlinge aus dem einstigen deutschen Osten, die nun **Umsiedler** hießen. Wer in den Neubauten von Eisenhüttenstadt wohnte, war in ihren Augen wirklich gut dran. Die Wohnungen waren ähnlich komfortabel wie in der Berliner Stalinallee ausgestattet, **Arbeiterpaläste** eben. Kaum mehr als Bedauern empfand Katharina für die Mieter im historischen Stadtkern von Fürstenberg. „Wer will schon in so einem alten Loch wohnen?", fragte sich das Mädchen.

Qualitätsvolles handwerkliches Bauen in Stalinstadt (Eisenhüttenstadt) – Steinsetzer bei der Arbeit

Für bessere Gelegenheiten war in Stalinstadt die Gaststätte „Aktivist" entstanden. Wenn er sich etwas leisten wollte, ging der sozialistische Arbeiter hier am Wochenende essen. Aber auch Hochzeiten und Geburtstage wurden hier gefeiert. Im „**Sonderversorgungsgebiet Stalinstadt**" wurden Handel und Dienstleistungen bevorzugt beliefert, so dass die Versorgungssituation günstig war. Das war allerdings auch eine Folge der Unruhen des **17. Juni 1953**, als Streikende die Kreisparteileitung zeitweise besetzt hielten. Danach rückte die Partei den Ausbau der sozialen Infrastruktur und von Geschäften in den Mittelpunkt. Allein bis Jahresende entstanden 25 Läden der HO und des Konsums. Bereits 1955 wurde das multifunktionale Friedrich-Wolf-Theater eingeweiht.

Ehre und Ruhm unseren Aktivisten!

Sie haben im besten Sinne des Wortes ein neues Blatt in der Geschichte unseres ganzen Volkes aufgeschlagen, denn sie zeigen auch den Werktätigen Westdeutschlands die Möglichkeit des Aufstiegs aus eigener Kraft, eine Möglichkeit, die auf der Durchführung großer gesellschaftlicher Reformen, wie sie bei uns verwirklicht wurden, beruht.
Wir sind überzeugt, einst wird in ganz Deutschland der 13. Oktober, vom Bundesvorstand des FDGB zum Tag der Aktivisten erklärt, zu einem Tag der Ehrung der besten Arbeiter, Angestellten und Techniker ganz Deutschlands werden.

Herbert Warnke

„Die gucken Westen!"

Eines Tages ließ sich Katharina zu einer heiklen Aktion überreden: „Wir gehen auf die Dächer!" Im Laufe der Jahre war die Zahl der **Fernsehantennen** über den neuen Wohnblocks in Stalinstadt gewachsen. Einige wichen in ihrer Orientierung von der üblichen Himmelsrichtung ab. **„Die gucken Westen!"**, meinte der Lehrling Rudolf zu ihr. Kühn lief er auf eine Antenne zu und verdrehte sie. Katharina beobachtete ihn grinsend. Plötzlich tauchte hinter ihnen auf dem Dach ein Mann auf und rannte wutentbrannt auf Rudolf zu. Der Lehrling fing zunächst einige Schläge ein. Als der aufgebrachte Hausbewohner Rudolf gar vom Dach stürzen wollte, griff Katharina mit guten Worten ein. Die Gemüter beruhigten sich langsam und die beiden Baulehrlinge stahlen sich mit roten Köpfen vom Dach.
Erst später dämmerte Katharina, dass es sich bei der Aktion um keinen Dumme-Jungen-Streich gehandelt hatte, sondern um eine Initiative der **FDJ gegen das Westfernsehen**. Das wiederum missfiel ihr. Sie setzte sich hin und

schrieb einen kritischen Leserbrief an die Zeitung „Junge Welt". Eine Antwort erhielt sie nicht, geschweige denn erfolgte eine Veröffentlichung. Doch ohne nähere Begründung wurde sie alsbald aus der FDJ-Kreisleitung ausgeschlossen.

Keine Arbeit für die Frau

Nach eineinhalb Jahren hatte Katharina ihre Lehrzeit mit gutem Erfolg abgeschlossen. Groß war ihr Entsetzen, als sie als Frau keine Arbeit in Stalinstadt fand! Arbeitslosigkeit in der ersten sozialistischen Stadt Deutschlands – das wollte ihr gar nicht in den Kopf gehen. Guten Mutes wandte sich Katharina an den Betriebsdirektor des Bau- und Montagekombinates Ost. Der Genosse prüfte den Fall. Angesichts der guten Zensuren in ihrer Lehre empfahl er der jungen Frau, sich direkt an Walter Ulbricht zu wenden.

Eines Tages setzte sich Katharina in den Zug nach Berlin und marschierte direkt in die Beschwerdestelle der DDR-Regierung. Über die langen dunklen Gänge des Verwaltungsgebäudes in der Rosa-Luxemburg-Straße eilten Mitarbeiter mit wichtiger Miene, um plötzlich in irgendwelchen Zimmern zu verschwinden. Das Ganze kam Katharina furchtbar geheimnisvoll vor. Schließlich wurde sie in ein Zimmer gebeten. Aufgeregt schilderte die junge Baufacharbeiterin ihr Problem. Und sie hatte Erfolg: Aus Berlin ging die Order an die Stadtverwaltung von Stalinstadt, Katharina eine Arbeit zu geben.

Das Problem vor Ort war jedoch, dass im EKO fast ausnahmslos Männerberufe gefragt waren. Katharinas Problem teilten viele andere Frauen auch – es gab einfach keine Arbeitsplätze für sie. Nach der Anweisung aus Berlin schuf die Stadtverwaltung eine Stelle für sie. In Honorararbeit erstellte sie für einen Ortsteil von Stalinstadt eine Bestandsaufnahme der Gebäudesubstanz. Die Tätigkeit machte ihr durchaus Spaß, zumal sie sich damit auf ihr baldiges Studium zum Bauingenieur vorbereiten konnte. Mit staatlicher Förderung drangen Frauen in Stalinstadt, das ab 1961 den etwas sperrigen Namen Eisenhüttenstadt trug, zunehmend in bisherige Männerdomänen vor.

Feldsteine für den Welthandel

Reparation an die Sowjetunion

Als die Sowjetarmee am 1. Mai 1945 Rostock befreite, lagen weite Teile der Innenstadt in Trümmern. Die wenigen Überreste der schwer getroffenen Flugzeugwerke gingen als Reparation an die Sowjetunion. Doch parallel startete der Wiederaufbau der **Neptun-Werft** und in Warnemünde wurde noch 1945 der Bau der neuen Warnowerft begonnen. Beide Betriebe führten anfangs überwiegend Reparationsaufträge für die Sowjetunion durch.

Die DDR hatte mit der mecklenburgischen Kommune, die 1952 Bezirksstadt wurde, Großes vor: Planmäßig erfolgte der Ausbau zum **Schiffbau- und Schifffahrtzentrum** des Landes. Neben den Werften wurden 1949 das Dieselmotorenwerk, 1950 das spätere **Fischkombinat** und 1952 die **Deutsche Seereederei Rostock** (DSR) gegründet. Auch die Hochschullandschaft folgte der maritimen Ausrichtung – an der Universität eröffnete bereits 1951 ein Fachbereich für Schiffbau.

Das Wunder an der Warnow

Infolge des Krieges und der deutschen Teilung verfügte die DDR über keinen nennenswerten Seehafen und musste das Gros seiner Exporte über Hamburg

1. Mai 1958 – erste Flottenparade der Seestreitkräfte der DDR mit dem Minenleg- und Räumschiff vom Typ „Krake", im Hintergrund die Baustelle des Seekanals

oder Stettin ausführen. Tatsächliche oder vermeintliche Störungen des wachsenden Außenhandels sowie die dabei anfallenden Devisenbelastungen mündeten in eine landesweite Initiative: Am 26. Oktober 1957 vollzog der Rostocker Oberbürgermeister Wilhelm Sobisch am Ort des Warnemünder Flughafens den symbolischen „ersten Spatenstich" für den neuen Seekanal. Als sich das Rostocker Stadtparlament am 17. Dezember 1957 an die DDR-Bürger mit einer Bitte um Unterstützung für den Überseehafen wandte, kamen in kürzester Frist **Spenden** in Höhe von vier Millionen Mark zusammen. Das war damals viel Geld. Die Reaktion überraschte wohl selbst ihre Initiatoren in Berlin und Rostock: Eine wahre **Welle der Begeisterung** „für unseren Überseehafen" überrollte das Land.

Feldsteine vom Acker

Als besondere Herausforderung stellte sich der Bau der neuen östlichen Hafenmole heraus. Begonnen hatte ihr Bau mit Bruchsteinen aus dem sächsischen Kamenz. Doch diese Lösung erwies sich als genauso unbezahlbar wie die Bergung von eiszeitlichen Findlingen durch Taucher. Die Bauleute des VEB Bauunion Küste fanden alsbald eine pfiffige Lösung: Nur die Ränder der Mole wurde mit Bruchsteinen bepackt, ihre Mitte aber mit Feldsteinen ausgeführt. Zeitungen und Zeitschriften wie der **„Bummi"**, **„Fröhlich sein und singen – Frösi" oder die „Junge Welt"** informierten ihre jungen Leser über das aufregende Vorhaben. In der Sammelwoche vom 15. bis 23. Februar 1958 gingen die Schüler auf den Acker und sammelten Feldsteine für Rostocks neue Ostmole.
Auch danach wurden fleißig Steine gesammelt – insgesamt 65 000 Tonnen! Die kamen per Eisenbahnwaggons und LKWs, aber auch mit Traktoren und Pferdefuhrwerken in Rostock an. Im Juli 1958 konnte die Ostmole fertig gestellt werden. Das ehrgeizige Projekt hatte 11 000 Tonnen Bruchgestein, 4 000 Tonnen eiszeitliche Findlinge aus der Ostsee und ungezählte Feldsteine verschlungen.

An freien Tagen mit Hacke und Schippe für den Aufbau

Im ganzen Land leisteten die Menschen eine halbe Million **freiwillige Arbeitsstunden** für Rostock. Unter ihnen war auch der 20-jährige Dietrich aus einem kleinen Dorf im Harz. Er hatte freiwillig den Dienst als Matrose bei den Seestreitkräften angetreten, die im Mai 1957 ihren Stab nach Warnemünde verlegt hatten. Mit Tausenden Rostockern griff er an freien Sonntagen zu Hacke und Schaufel. Zunächst mussten die alten Gebäude des Flughafens weichen, deren Ziegel für den Neuaufbau von Rostock geborgen wurden. Mit Muskelkraft und schwerer Technik entstand die neue Fahrrinne längs der Ostmole. Statt der veranschlagten 15 Monate dauerte die neue Hafenzufahrt – der so genannte Seekanal – ganze neun Monate.
Von seinem Minenleg- und Räumschiff konnte Dietrich den Baufortschritt in

Warnemünde verfolgen. Die Augen wurden ihm feucht, als Dietrich die erste Durchfahrt von Arbeitsschiffen am 7. Oktober 1958 erlebte. Zweitausend Arbeiter rammten derweil in drei Schichten unzählige Pfähle in die sumpfigen Wiesen bei Petersdorf. Sie betonierten Kaimauern und errichteten die ersten Hallen. Der legendäre Hafendirektor Max Drese initiierte die **Hau-Ruck-Aktion** für den Hafenbahnhof. Unter schwierigsten Bedingungen wurden 43 Kilometer Gleise und 205 Weichen für den An- und Abtransport der Güter verlegt.

Der neue Überseehafen Rostock

Engagiert für sein Heimatland

Es war die Mittagsstunde des 30. April 1960. Dietrich stand an der Kaihalle I des neuen Rostocker Überseehafens. Aufregung herrschte in Rostock-Petersdorf. Wohl an die zwanzigtausend Menschen verfolgten einen historischen Augenblick: Schlepper bugsierten den auf der Warnowwerft gebauten Zehntausendtonner „Schwerin“ zu seinem Liegeplatz im Hafenbecken B. Der Frachter hatte Stückgut aus Südostasien geladen. Der SED-Parteichef Walter Ulbricht war extra aus Berlin angereist gekommen und beobachtete auf dem Fahrgastschiff „Ahlbeck“ das Anlegemanöver. Unter Sirenengeheul und mit einem Tagesfeuerwerk holte der Warnemünder Umschlagmeister Max Bornträger die erste Hiev Sackgut aus dem Laderaum der „Schwerin“. Die Wartenden brachen in spontanen Jubel aus.
Die DDR-Handelsflotte verfügte 1960 über 47 Schiffe und war längst in der

Nord- und Ostsee, dem Mittelmeer und dem Schwarzen Meer präsent. Schrittweise wurden die Relationen nach Ostasien, zum Weißen Meer und nach Afrika ausgebaut. Noch im ersten Jahr seiner Existenz verzeichnete der Rostock er Hafen einen Umschlag von 307 000 Tonnen im Import und 416 000 Tonnen im Export. Schon 1964 erreichte er zehn Millionen. Beliebte Fernsehsendungen mit „**Hafenflair**" stärkten im Osten Deutschlands die Identifizierung der Bevölkerung mit dem Hafen in Rostock.
Für Dietrich ging mit der Fertigstellung des Überseehafens ein Traum in Erfüllung. Durch ihn, davon war er überzeugt, wurde sein Heimatland gestärkt. Der steigende und ungehinderte Außenhandel würde einen entscheidenden Beitrag für ein wachsendes Lebensniveau leisten. **Apfelsinen**, **Bananen** und **Kakao** – all die Leckereien aus dem sonnigen Süden – konnten nunmehr auf eigenen Schiffen im eigenen Land gelöscht werden. Hinzu kam zutiefst seine Sehnsucht nach der Fremde.
Die Urkunde für Dietrichs Teilnahme am Bau des Rostocker Überseehafens fand ihren Ehrenplatz über der Vitrine in der Stube.

Was sonst noch geschah

1930

14.1. SA-Führer Horst Wessel von Kommunisten erschossen, anschließende Glorifizierung „Die Fahne hoch“ als Horst-Wessel-Lied
18.5. Internationale Hygiene-Ausstellung in Dresden
14.9. Reichstagswahl – NSDAP verneunfacht Mandatszahl

1931

5.3. Uraufführung „Der Hauptmann von Köpenick“
Stundung der deutschen Reparationszahlungen auf Vorschlag des amerikanischen Präsidenten

1932

6,1 Millionen Arbeitslose
1.6. Bildung der Regierung Franz von Papen, die am 20.7. die sozialdemokratische Landesregierung Preußens entmachtet

1933

27.2. Reichstagsbrand wird von Nationalsozialisten zur Kommunistenverfolgung genutzt, erste Konzentrationslager werden installiert
23.3. Ermächtigungsgesetz beendet Weimarer Republik
10.5. Bücherverbrennungen
22.6. Verbot der SPD
19.10. Deutschland tritt aus Völkerbund aus

1934

30.6. angeblicher Röhm-Putsch der SA, Hitler lässt Rivalen ermorden
2.8. Nach Tod Hindenburgs wird Hitler Reichspräsident

1935

1.3. Angliederung des Saarlands
16.3. Wiedereinführung der Wehrpflicht
10.9. Nürnberger Gesetze verschärfen Verfolgung und Ausgrenzung der Juden

1936

7.3. Reichswehr besetzt das entmilitarisierte Rheinland
1.8. Hitler eröffnet Olympiade in Berlin
23.9. Hitler weiht in Schlesien den 1000. Kilometer Reichsautobahn ein

1937

1.1. Rationierung von Fett
26.4. Zerstörung des spanischen Guernica durch deutsche Legion Condor
6.5. Luftschiff „Hindenburg" explodiert vor Landung in New York bei Lakehurst

1938

28.1. Tod des Rennfahreridols Bernd Rosemeyer bei 440 km/h
12.3. Besetzung Österreichs durch faschistische Truppen
26.5. Grundsteinlegung für das Volkswagenwerk
29.9. Münchner Abkommen führt zur Angliederung der Sudetengebiete
11.9. Reichspogromnacht

1939

1.3. Berner Konferenz der KPD ruft zur Rettung der Nation vor dem Krieg auf
15.3. Annektion Böhmens und Mährens
23.8. Deutsch-sowjetischer Nichtangriffspakt
28.8. Rationierung von Lebensmitteln, Schuhen und Bekleidung
1.9. Überfall auf Polen – Beginn des Zweiten Weltkriegs
8.11. Münchner Hitlerattentat Georg Elsers scheitert

1940

9.4. Überfall auf Dänemark und Norwegen
10.5. Krieg gegen Frankreich und die Beneluxstaaten
22.6. Nach Waffenstillstand mit Frankreich Siegesparaden in Deutschland
13.8. Zum „Adlertag“ Großangriff der Luftwaffe auf England; erste alliierte Bombardements von Berlin

1941

12.5. Erste programmgesteuerte Rechenmaschine von Konrad Zuse
22.6. Kriegsbeginn gegen die Sowjetunion
3.9. Beginn der systematischen Vergasung von Juden in Auschwitz
17.9. Todesurteile auf Abhören von Feindsendern
5.12. sowjetische Gegenoffensive vor Moskau beendet „Blitzkrieg“
7.12. japanischer Überfall auf Pearl Harbour (USA)

1942

20.1. Wannsee-Konferenz beschließt Holocaust („Endlösung der Judenfrage“)
28.3. erstes alliiertes Flächenbombardement zerstört Lübeck
10.6. Nach erfolgreichem Attentat auf Reichsprotektor Heydrich werden alle männlichen Bewohner von Lidice ermordet
3.10. in Peenemünde gelingt der Start der ersten Fernrakete der Welt (V2)

1943

21.1. In Casablanca einigen sich USA, Sowjetunion und Großbritannien darauf, den Krieg bis zur bedingungslosen Kapitulation Deutschlands zu führen
2.2. Generalfeldmarschall Paulus kapituliert in Stalingrad, Wende des Krieges, anschließende Flugblattaktion der Geschwister Scholl führt zu deren Hinrichtung
18.2. Goebbels verkündet den totalen Krieg
16.5. Zerstörung des Warschauer Ghettos - 50 000 jüdische Todesopfer

1944

6.6. Landung der Alliierten in der Normandie
23.6. sowjetische Großoffensive zur Unterstützung der zweiten Front
20.7. Stauffenberg-Attentat misslingt, zahlreiche bürgerliche Kräfte werden zum Tode verurteilt
18.8. Hinrichtung des Führers der KPD, Ernst Thälmann, im KZ Buchenwald
25.9. Volkssturm erfasst alle wehrfähigen Männer zwischen 16 und 60
11.10. Rote Armee erreicht in Ostpreußen erstmals deutschen Boden

1945

30.1. Hitler ruft zum Endsieg auf und verspricht die Wunderwaffe
13.2. durch englische und amerikanische Bomber Zerstörung Dresdens
5.3. Hitler beruft Jahrgang 1929 ein
8.5. Kapitulation der Wehrmacht in Berlin-Karlshorst unterzeichnet
5.6. Siegermächte beschließen die Aufteilung Deutschlands in Besatzungszonen
Juni: Millionen deutscher Flüchtlinge aus dem Sudentenland und früheren deutschen Ostgebieten kommen bis 1949 in die Sowjetische Besatzungszone (SBZ)
6.8. amerikanischer Abwurf einer Atombombe auf Hiroshima
2.9. japanische Kapitulation beendet Zweiten Weltkrieg
20.11. Beginn der Nürnberger Prozesse

1946

4.2. Inbetriebnahme des ersten Hochofens der SBZ in der Maxhütte Unterwellenborn
7.3. Gründung der Freien Deutschen Jugend (FDJ) unter Vorsitz von Erich Honecker
24.4. Zusammenschluss der SPD und der KPD in der SBZ zur Sozialistischen Einheitspartei Deutschlands (SED)
8.5. Eröffnung der ersten Nachkriegsmesse in Leipzig
30.6. Volksentscheid in Sachsen für die Enteignung der Nazi- und Kriegsverbrecher (77,6%)
25.8. Allgemeine Deutsche Kunstausstellung in Dresden vereint 600 Werke deutscher Künstler
September / Oktober: SED erhält bei demokratischen Kommunal-, Kreistags- und Landtagswahlen in der SBZ 47 bis 57% der Stimmen
26.10. erste DEFA-Premiere „Die Mörder sind unter uns“

1947

22.2. Bildung der Vereinigung der Verfolgten des Naziregimes (VVN)
bis März Kältewelle in Mitteleuropa
7.12. 1. Deutscher Volkskongress für Einheit und gerechten Frieden auf Initiative der SED in (Ost-)Berlin
15.12. Außenministertreffen der vier Siegermächte in London zur deutschen Frage endet ohne Ergebnis

1948

3.6. Westmächte empfehlen in London Gründung eines separaten deutschen Staates aus den drei Westzonen
20.6. Währungsreform in Westberlin zerreißt ostdeutschen Wirtschaftsraum, als Reaktion am
24.6. Blockade der Zufahrtswege von den Westzonen nach Westberlin
26.6. Einrichtung der Luftbrücke zwischen Westzonen und Westberlin, das Gros der Versorgung Westberlins kommt jedoch aus der SBZ
18.8. umjubeltes Gastspiel des Alexandrow-Ensembles in Berlin

22.8. als erstes deutsches Theater wird das Weimarer Nationaltheater nach schweren Kriegszerstörungen eingeweiht
13.10. Adolf Hennecke übererfüllt Arbeitssoll um 387% - Hennecke-Bewegung entsteht

1949

11.1. deutsche Erstaufführung von Brechts „Mutter Courage“ am Deutschen Theater in Berlin
1.8. Thomas Mann erhält in Weimar den Goethe-Preis
23.5. Verkündung des Grundgesetzes der Bundesrepublik Deutschland (BRD) vollendet Teilung Deutschlands
15.9. Konrad Adenauer wird Bundeskanzler („Lieber das halbe Deutschland ganz, als das ganze Deutschland halb!“)
7.10. Gründung der Deutschen Demokratischen Republik (DDR)

1950

24.3. Gründung der Deutschen Akademie der Künste in Ostberlin, erster Präsident wird Arnold Zweig
15.5. Reparationsabkommen Sowjetunion – DDR mindert Reparationen um 50%
17.5. Volljährigkeitsalter von 21 auf 18 Jahre herabgesetzt
27.5. Erstes Deutschlandtreffen beginnt in Ostberlin
6.6. Deklaration über die Unantastbarkeit der Oder-Neiße-Grenze zwischen Polen und der DDR, der Deutsche Bundestag legt dagegen Rechtsverwahrung ein
6.9. Volkskammer beschließt das Aufbaugesetz für die Städte
27.9. Gesetz über den Mutter- und Kinderschutz und die Rechte der Frau
30.11. Brief Otto Grotewohls zur Bildung eines Rates in Vorbereitung gesamtdeutscher Wahlen, Adenauer lehnt ab

1951

17.3. SED sagt dem Formalismus in Kunst und Literatur den Kampf an
5.8. In Berlin beginnen die 3. Weltfestspiele der Jugend und Studenten
19.9. Inbetriebnahme des ersten Hochofens bei Fürstenberg/Oder
3.10. in Zwickau werden 19 Jugendliche wegen oppositioneller Äußerungen teilweise zu hohen Zuchthausstrafen verurteilt
1.11. Gesetz über den Ersten Fünfjahrplan 1951-55

1952

1.1. Staatliches Ensemble für sorbische Volkskunst gegründet
2.1. Bei Arbeitseinsatz unter Beteiligung Otto Grotewohls wird das Nationale Aufbauwerk (NAW) begründet
3.2. Grundsteinlegung für den Neuaufbau der Berliner Stalinallee
1.3. „Junge Welt" erscheint als Tageszeitung
28.6. Regierung beschließt Erhöhung der Gehälter für Facharbeiter und Angehörige der Intelligenz
23.7. Volkskammer beschließt Gliederung der DDR in Bezirke
6.12. Beschluss zur Bildung von Landwirtschaftlichen Produktionsgenossenschaften (LPG)

1953

15.1. DDR-Außenminister Georg Dertinger (CDU) wird der Spionagetätigkeit beschuldigt und verhaftet
5.3. Tod des sowjetischen Führers und Diktators Stalin, die neue Stadt bei Fürstenberg wird am 7.5. in Stalinstadt (heute Eisenhüttenstadt) benannt
9.4. teilweise Aufhebung der Rationierung sowie Preiserhöhungen
21.4. evangelische Bischöfe wenden sich in einer Erklärung gegen die Behinderung der Kirchenarbeit in der DDR
5.5. Umbenennung der Industriestadt Chemnitz in Karl-Marx-Stadt aus Anlass (135. Geburtstag von Marx)
28.5. Ministerrat beschließt Erhöhung der Arbeitsnormen
16./17.6. nach Erhöhung von Arbeitsnormen und Preisen Streiks und Aufstände in Berlin und weiteren Industriestädten, die in Forderun-

gen nach dem Sturz der DDR-Regierung münden; Niederschlagung durch Sowjetarmee
22.8. Vereinbarung in Moskau über den Erlass der Reparationsforderungen und Übergabe der SAG-Betriebe zum 1.1.1954
2.10. Kabarett „Die Distel“ in Berlin gegründet

1954

9.3. Uraufführung des Films „Ernst Thälmann – Sohn seiner Klasse“
25.3. Sowjetunion erkennt in einer Erklärung Souveränität der DDR an
19.8. 1. Deutsches Turn- und Sportfest in Leipzig

1955

13.2. auf einer Kundgebung anlässlich des zehnten Jahrestages der Zerstörung übergibt Bertolt Brecht dem Deutschen Friedensrat 176000 Unterschriften gegen die Pariser Verträge zur Remilitarisierung und Westintegration der BRD
27.3. erste Jugendweihen finden in der DDR statt
7.10. Deutscher Fernsehfunk beginnt mit ersten Übertragungen
27.11. Ausstellung der von der Sowjetunion zurückgegebenen Dresdner Kunstschätze in Berlin

1956

18.1. Volkskammer beschließt Schaffung der Nationalen Volksarmee (NVA)
1.5. Maidemonstration in Berlin erstmals mit Militärparade der NVA
30.5. 8-Punkte-Vorschlag Grotewohls zur Annäherung der beiden deutschen Staaten
3.6. anlässlich der 750-Jahrfeier Dresdens wird in der Sempergalerie die Gemäldegalerie mit den aus der Sowjetunion zurückgekehrten Werken wiedereröffnet
2.8. II. Deutsches Turn- und Sportfest im neuen Leipziger Zentralstadion eröffnet

22.11. Der Boxer Wolfgang Behrendt erringt bei den Olympischen Sommerspielen in Melbourne die erste Goldmedaille für die DDR

1957

18.1. Volkskammer beschließt Gesetz über die 45-Stunden-Arbeitswoche
9.3. Prozess gegen Wolfgang Harich endet mit hoher Zuchthausstrafe
19.10. BRD bricht, nach der Aufnahme diplomatischer Beziehungen Jugoslawiens mit der DDR, die Beziehungen zu Jugoslawien ab (Hallstein-Doktrin)
16.12. Inbetriebnahme des ersten Atomreaktors der DDR in Rossendorf bei Dresden

1958

6.2. 35. Tagung des ZK der SED endet mit dem Beschluss, die BRD in der Produktion pro Kopf zu übertreffen
24.-25.5. Schulkonferenz der SED beschließt Einführung der zehnklassigen polytechnischen Oberschulen
5.-12.7. Erste Ostseewoche in Rostock
14.9. Einweihung der Nationalen Mahn- und Gedenkstelle Buchenwald

1959

23.2. Eröffnung des Händel-Jahres in Halle (200. Todestag des Komponisten)
24.4. Bitterfelder Kulturkonferenz ruft auf: „Greif zur Feder, Kumpel!“
1.10. Per Gesetz wird die schwarz-rot-goldene Fahne mit dem Emblem Hammer und Zirkel zur Staatsflagge der DDR erhoben
18.12. Abkommen über den Bau der Erdölleitung von der Sowjetunion über Polen nach Schwedt/Oder

1960

23.1. Brief Ulbrichts an Adenauer mit Vorschlag zur Abrüstung und Herbeiführung eines Friedensvertrages wird ungeöffnet zurückgesandt

18.-28.2. Olympische Winterspiele in Squaw Valley – die Eisschnellläuferin Helga Haase und der Skispringer Helmut Recknagel erringen in der gesamtdeutschen Mannschaft Goldmedaillen

22.7. Gründung des Komitees der DDR für die Solidarität mit den Völkern Afrikas“ in Ostberlin

12.9. Tod des Präsidenten Wilhelm Pieck, Nachfolger wird als Staatsratsvorsitzender Walter Ulbricht

8.10. Eröffnung des neuen Leipziger Opernhauses

Weitere Bücher aus dem Herkules Verlag:

Unerschrocken die Wahrheit sagen
deutsch/englisch
Auf Martin Luthers Spuren
Seine allerbesten Sprüche
von Doris Berth
64 S., gebunden, zahlreiche Farbfotos
(ISBN 3-937924-40-X)

Weitere Bücher aus dem Herkules Verlag zum Verschenken

Alltagsgeschichten Ostdeutschland

Geboren in den 20ern
Unsere Kindheit, unsere Jugend ...
von Geo Kaef
80 S., gebunden, zahlr. S-w-Fotos
(ISBN 978-3-937924-58-8)

Geboren in den 30ern
Unsere Kindheit, unsere Jugend ...
von Uwe Schieferdecker
80 S., gebunden, zahlr. S-w-Fotos
(ISBN 978-3-937924-59-5)

Geboren in den 40ern
Unsere Kindheit, unsere Jugend ...
von Kurt Wünsch
80 S., gebunden, zahlr. S-w-Fotos
(ISBN 978-3-937924-60-1)

Geboren in den 50ern
Unsere Kindheit, unsere Jugend ...
von Sylvia Pommert
80 S., gebunden, zahlr. S-w-Fotos
(ISBN 978-3-937924-61-8)